はじめに

今川　公平

保育としての造形活動、広い意味での表現活動を、どのような理念で、いかに実践していくか。そして、どのような環境を構成し、どういった教育課程の中で展開していくのか。これは、大変大きな課題だと思うのですが、現在の幼児教育界を見渡してみるとき、こども園構想などの制度論や、保育の中での学び論などの議論が活発になる一方、大変残念ながら、実践としてもあるいは理論としてもこの課題が一向に深められているようには思えません。

最近は、あちこちの研修会で講演や実技指導をさせていただくのですが、保育者に画材や素材についての基礎がないまま、昔の教材や活動の発想で作品主義の保育に流されているケースが未だに少なからず見受けられます。結果として、本来誰しもが楽しめ、生き生きと自己発揮できるはずの造形活動・遊びが、子どもたちの思いから離れ、疎まれている現実がまだまだあるようです。

保育の中では、小学校以上の教科的発想ではなく、子どもが「もの」に出会い、「もの」を試すという自然な遊びの中から造形活動を積み上げていく。そして「作品作り」のための活動ではなく、「もので遊ぶこと」を中心に置いた発想での教材研究、さらには保育、教育課程を構想していくことが今最も必要なのだと思うのです。それは、単に描画や工作という領域ではなく、子どもの全ての遊び、生活としっかりと繋がっていないといけないのです。

そんな思いの中で、教員と試行錯誤を繰り返しながら様々な実践に取り組んできましたが、今回その実践の一端を小さなブックレットではありますが纏めてみることとなりました。甚だ拙い実践ではありますが、「これでいいのかな」と日々の保育の中で小さな疑問を感じている保育者のみなさんの思いに、少しでも応えられることが出来たなら幸いです。

「どの子もすばらしい」。そんな思いを共有しながら、最後までお読みいただけたらうれしく思います。

平成25年11月

もくじ

第3章　ホントに面白いこと

第4章　何度も、何度でも

第5章　造形活動相談室

第1章
絵の具さん、あなたはだあれ。

1 絵の具と出会うという体験

塗った上からドローイングして遊ぶ

乳幼児にとって遊びというものは、身の回りの事物に生まれて初めて出会い、それがいったいどんな物なのか、どんなことが起こるのか、何が生まれてくるのか試してみることから始まるものです。大人や保育者は「～遊び」を伝えることが全てと思いがちですが、実はそれだけでは保育とは言えないと考えています。

砂や土、水、風や光といった自然、積み木や色板、紙といったものに子どもたちが初めて出会ったときに、どんなことをしてみたくなるのか、まずは注意深く見ることから保育を考えたいと常々思っています。積み木に出会って唯々積むことに夢中になって遊び出す、何かを作るという意識ではなく、積む遊びをひたすら楽しむ。そんな子どもたちが落ち着いて遊べる物、素材と場を用意していくのが保育の第一歩です。

いっぱい色を試してみる

絵の具やクレヨンも子どもにとって、それは「絵」というものを描く単なる手段、素材ではありません。それは子どもにとって不思議な広い世界の中の、あるひとつの「なにものか」です。それがいったい「なにものか」、子どもは試してみたくて仕方がないはずです。

塗ることに夢中になる

まずは絵の具を指で触ってみたい、手のひらに付けてみたい、両手でこすり合わせてみたい、臭いを嗅いでみたい、そして保育者から「色」や「絵の具」という言葉を聞き、少しずつそれがなにかわかってくる。今度は「筆」というものも使ってみる。指以

ローラーで色を試す

上に色々なことを試して遊べる、ひたすら1色で塗って塗って…。今度は色を変えて重ねてみると色が変わる、見たこともないような色が生まれる、色の変化にワクワクしてくる。そういうことが絵の具で描くということの原体験だと思うのです。

そういう出会いと試しの体験を、じっくりと子どもといっしょにまずは深めたいと思います。いわゆる「絵」というものに私たちがこだわりすぎないようにしながら…。

2 光があるから見えるもの

写真1

よく考えてみると、この世界は光に溢れています。光があるからこそ、色や形が見えてきますし、また光の変化は無限の色と形のバリエーションを生みます。すっかり光に鈍感になった私たち大人は、光の世界を意識しなくなり、物そのものにしか興味を感じなくなっています。しかし、子どもたちはそうではありません。

11月、園庭の樹木が紅葉に染まり、赤や黄色になった落ち葉を集める子どもたち。その中で何人かの子どもがお日様の光に落ち葉を透かして遊び出しました〈写真1〉。そうすると、違った黄色や赤が見え、また葉脈のシルエットが美しく見えてきます。「お日様の光っておもしろい」そういう体験の一瞬です。そして冬のある日、保育室に入り込む窓際の暖かい日だまり。そこにCDケースを置いてみると、透明な影があらわれ、油性マジックで絵を描いてみると、スライドの様に形がそのまま投影され、小さな驚きと共にしばし見入る子ども…〈写真2〉。

　こうして、子どもは光が持つ魅力、魔法の力に気づいていくのですが、こんな自然光だけではなく、人工的な光を使って遊ぶ道具の一つにライトテーブルがあります。ライトテーブルはイラストレーターやデザイナーが使うトレース用の道具ですが、光を使う遊びには、大変魅力的な道具です。白い光が光るテーブルの上にガラス玉、色のついたプラスチック、葉っぱや花びらなどいろいろな物を置

写真2

写真4

いてみると、物が透過され、今まで見えなかった美しい色、光の煌きが見えてくるのです〈写真3、4〉。

　どんな物がきれいに見えるのか、重ねるとどう見えるのか、光が透過しない物はどんなものがあるのか、などなどいろいろな試しの遊びが出来、また様々な光を透過するものを並べ、組み合わせて構成遊びもぞんぶんに楽しめます。

　このような遊びの中で、子どもは「世界っておもしろい、不思議な物がいっぱいだ」という貴重な経験をしていくのです。

写真3

3 子どもにとっての「素材」とは…

写真1　電球の光を素材にする

子どもにとって、特に乳幼児にとって描く、作るための素材、材料って何が良いのでしょうか、という質問をよく聞きます。ポスターカラーが良いだの、工作紙はどのようなものがといったお話しの前提にあるのが、実は行事ごとの絵画や、季節に合わせた製作物を作るためだけの素材、材料ということになっていることがよくあります。

しかし、ちょっと待ってください。子どもにとって絵の具類と工作紙、廃品だけが素材、材料であるはずがありません。実は子どもにとって、周りにある全てのモノが本来素材、材料である、という発想が保育には必要だと思いますが、いかがでし

写真２　遊びのための素材コーナー

ょうか。安全という前提で、手で触れ、形を変え、組み合わせることさえ出来れば、周りのモノはすべてが「素材」なのです。砂や石、あらゆる紙や布、草花や木々はもとより、家具や道具、電灯や光でさえも形や色をもった素材〈写真1〉であるはずです。

絵の具や色紙に色があるのではなく、子どもが周りのモノにかかわって、遊び込んでいくと、実はそこに様々な「色」と「形」が見えてくる、そういう環境構成が必要だと思うのです。

写真３　遊びのための素材コーナー

例えば、〈写真2、3〉のように、自然物を集め、分類してみる、さらに水で色出しをしてみたり、反対に乾燥させてみたり、小さく切ってみたりする。そこに保育者が見つけてきた色や形の少し違ったモノを添えてみたりする。そんな日常の経験こそが、色に気づき、色を確かめ、色や形を比べるという体験＝「学び」になっているのです。全ては、子どもの手の中で、モノをいじくって、繰り返し試して遊ぶ中ではじめて「素材」というものが生きてくるのです。

保育者も、どこかに良い素材がないかなと思う前に、いろいろな環境と場の中で、そんな視点を持って、共に素材を見つけていくという姿勢が何より必要だと思うのです。

4 教材研究は子どもと共に…

写真１

幼児向きの画材と言えば、クレヨン、パス類にポスターカラーが定番でしょう。特にポスターカラーは塗り重ねが出来、発色も鮮やかで幼児の筆致がそのまま形と色面となる良い画材の一つです。以前の私は、幼児期は水彩絵の具ではポスターカラーを経験すれば十分と考え、テクニック的に高度な透明水彩は幼児には不向きと思いこんでいました。しかしある時、色水遊びに夢中になっている子どもたちから、淡く色づいたデリケートな色水を「うわー、きれい」「宝物みたいな色やな」と喜ぶ声を聞き、あの淡い色彩の美しさをしっかり感じ取れる幼児の感性を確信し、考えを変えることにしました。画用紙の上に透明水彩で色作りをする遊び（筆ではなく、彩色しやすい綿棒を持たせてみました）を5歳児に試しにさせてみたのです。

結果は驚くものでした。塗り方や色の重ね方を少ししてみせるだけで、どの子どもたちも夢中になって遊び始めました。単色塗りに慣れると今度は重色。約束事にとらわれず、いろいろな重ね方を試す子どもたちの作った色のなんときれいなこと…。それ以来、私は自分の思いこみと不明を恥じ、積極的に透明水彩を画材として提供するようになったのです。

写真2

透明水彩では幼児の場合、まず赤、青、黄の3原色を基本に用意し〈写真1〉、絵の具が滴り落ちたりしない綿棒を使うと、白画用紙の上で重色して色作りが簡単に出来ます。筆洗いやパレットは不要、どの子も美しい彩色が楽しめるのです。〈写真2〉の様に、色を置いていくだけでも美しく、そして〈写真3〉の様にパスや油性マーカー、墨汁などと併用すれば、本当にびっくりするほどの描画を生み出す子どもたちです。
「教材研究は子どもと共に…」。忘れてはならない言葉と改めて思うのです。

写真3

5 鉛筆で描いてみる

保育の中では、画材は何よりカラフルであることが伝統的に大切にされてきました。ポスターカラーもクレヨンもいろいろな色が子どもたちの目の前にある方が環境として豊かであると思われています。しかし、私はその一方で単色で描くこと、黒やグレーだけで描くことも描画表現の豊かさの一つだと思っています。例えば、墨汁の濃淡を使って描くことも美しい表現になります。

色を限定して描くことを色彩制限法といい、昔からよく使われる指導法の一つですが、色を制限すると自然と子どもはドローイング、形を描くことに気持ちが集中出来るという効果があります。

今回は、5、6歳児のクラスでの鉛筆による表現の実践を紹介してみようと思います。この年齢になると、子どもたちは身の回りの文字や記号に関心が高まり、

「いしがきのうえであそんでいる」

自然とその形を模倣して描いたりすることも増え、また手先の巧緻性も高まり、細い鉛筆をコントロールする力も身についてくる時期です。子どもたちにとっては、鉛筆は小学生のお兄さん、お姉さんの使う憧れの文房具でもあり、使い慣れたマーカーやクレヨンよりも使ってみたいものです。そこで幼児用に柔らかくて、はっきりと線が描ける2Bや4Bの鉛筆を用意し、いつものようにお話しの絵を描いてもらいました。お話しは宿泊保育の中で見に行ったお城、その石垣や建物の面白さ、不思議さの体験をベースに広げたもので、石垣を絵の中で積んでいって、その上に何を建ててみたいか、何が見えると面白いか考えて描いてもらいました〈写真〉。

「1000かいまであるマンション」

結果は本当に面白いもので、子どもたちは強弱をつけて描くと濃淡が出ることが面白く、指でこすっても面白いこと、線を重ねると面塗りが出来ること、そして何より失敗しても何度も描き直せることが本当に楽しそうで、クラスの子ども全員が1時間近く集中して描いていたのは驚きでした。

白黒だけの絵なのですが、そこに子どもたちはイメージの中で様々な「色」を感じていたのだろうと思います。そして「黒だけでもきれい」という感覚が芽生えてきているのを子どもたちのお話しからも実感するのです。子どもは1本の鉛筆で無限にイメージを膨らませ、つぶやき、そして内言（ないげん）が深まっていく。そんな体験こそ「豊か」なのだろうと思います。

第2章

思うままに

6

いのち輝く

5月のある日、園庭の真ん中に立っている大きなケヤキの木から、1匹の毛虫がぶら下がっているのを年長組のあるクラスの子どもたちが見つけました。キラキラと光る長い糸を高い枝から垂らして、ゆらゆらと揺られている毛虫を見つけた子どもたちは大騒ぎになり、担任の先生もやってきて、10人ばかりの子どもたちが、ちょうど目線の位置に下がってきた毛虫を取り囲んで、じーっと見つめています。

すると、毛虫は子どもたちの気配に驚いたのか、今度は糸をたぐり寄せるように登り始めました。一生懸命登っている毛虫に子どもたちの目線は釘付けになり、いつまでも、いつまでも見つめています。

この色彩が溢れかえるような絵は、そんな一瞬の子どもたちと毛虫との出会い

「毛虫さんが、ピンクの糸を登っているところ」５歳児

の中から生まれました。

小さい毛虫の体は、巨大な太陽のような放射型の形で表現されています。太陽の日を受けてキラキラと輝いていたであろう体毛や足はもはや体の一部の表現としてではなく、まるで毛虫が持っている生命力の発露そのものとして描かれているようです。確信を持って描かれたドット状の模様は、その生命力に一層の力強さを与えています。

そして何より、毛虫がたぐり寄せて登っていった糸は、１本のまっすぐなピンクの線ではなく、その毛虫がこれから登っていくであろう道のりを示すように、螺旋状に描かれているところが実に面白い。

さらにその糸はピンクだけに収まらず、緑や青、茶色のものも描き足されています。そこには、魔法の糸を吐いたり、たぐり寄せたりする毛虫の不思議な生命力に対する子どもの思いが表現されていると言って良いでしょう。

子どもたちが命あるものと出会い、子どもの心がときめき、どちらの命も輝くような瞬間に私たちは立ち合うことがあります。子どもも私たち保育者も、その輝きを何か形あるものに留めておきたいと願うことがあります。

そんな時、子どもたちが普段から絵の具やクレヨン、粘土と仲良しであったなら、きっと幸せな表現が生まれてくると思うのです。私たち保育者には、そういう身の回りの何気ない素材や道具と子どもたちとの最善の関係づくりを日々していきたいと思うのです。そのためには何が必要か、どんな教材研究をすれば良いのか、どんな場を工夫すれば良いのか常々考える人でありたいと思います。

そうすることで、子どもたちの命は益々輝くものとなると思うのです。

7 絵は、お話し

「たねからおかねがでてきた」

5歳児年長組の子どもたちが描いた3枚の絵を紹介します。画面の下には土や丸い種が描かれてあります。一見して植物の成長を描いたものと理解できると思いますが、この3枚の絵に共通して表現されているのは、綺麗な花やおいしそうな生り物ではありません。種や土からニョキニョキと力強く天に向かって芽や茎が伸びていく、力強い姿そのもの、それが緑色の様々な形の線で表現されているのが何より魅力です。

幼稚園の畑では、5月になるとどのクラスでも一斉に春植えの野菜や花を子どもたちといっしょに植えます。種や株を植える前に、このクラスでは保育者が『みどりいろのたね』（たかどの ほ

「みかんができてきてん」

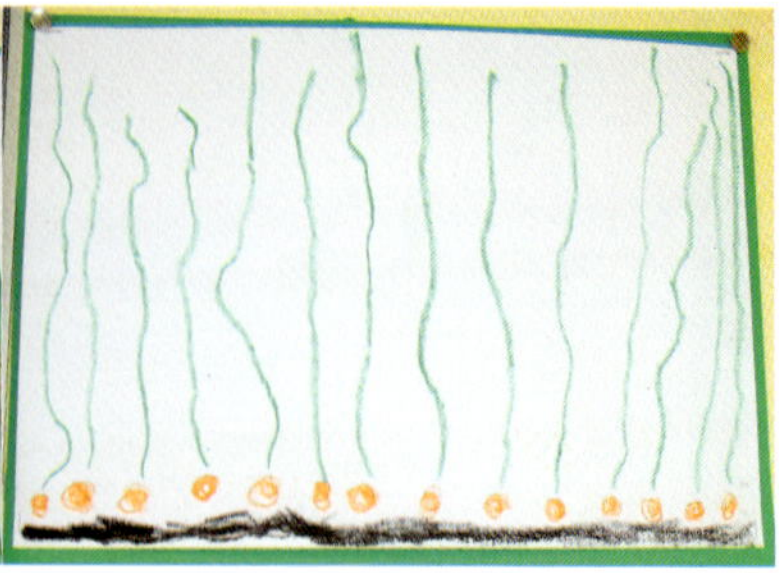

「まめ」

うこ文・太田 大八絵・福音館書店）という絵本を読み聞かせました。いたずらでエンドウ豆の種といっしょに植えられたメロン飴が土の中で会話をしたり、成長したエンドウ豆が、飴のお陰でとてもおいしい豆になるというユーモラスで想像力をかき立てる楽しいお話しです。既に園庭の畑で土を耕したり、株や種を手で触っていた子どもたちが、期待一杯にこの絵本を楽しんだに違いありません。

生り物が大きくなってから、収穫を手にしてからそれを絵に表現するという保育をよく見かけますが、反対に画用紙の中にクレパスの種を蒔き、「何が出来てくるのかな?」と保育者が問いかけ、子ども自身が種から伸びていく芽や茎になったつもりで絵に表してみるというのも、子どもの遊び心を育てる大切な方法です。

どの茎も、1本1本が子どもの心のときめきを表すように形の変化に溢れ、成長の過程そのものを楽しんで描いています。花や生り物などの「結果」の表現ばかりに気を取られることのないよう、こんな絵の面白さから保育のねらいを考え直してみることも必要ですね。

8 描きながら考える

「カマキリが飛んでいるところ」 4歳児

ちょっとむずかしい話になりますが、高名なフランスの写真家アンリ・カルティエ・ブレッソンの言葉に「写真とは射撃するようなものであり、絵画は瞑想するものである」という言葉があります。簡単に言いますと、写真芸術はカメラという道具で、写したい対象をねらってパシャパシャと銃の引き金を引くようにシャッターボタンを押しますが、絵画では画家は描く前に考え、構想し、下絵を描き、さらにまた描き始めても、再度考え、描き直し、さらにまた作品を何度も見つめ、さらに描き直していく。そういう過程を「瞑想」すると表現しているのですが、大人の世界でも絵画は元来1回で出来上がるものではありません。

「ザリガニさん」 4歳児

翻って、保育の中で私たちはそういう描き直しや、どうしようかと悩む時間を十分子どもたちに与えているといえるでしょうか。確かにさっさと描きあげてしまう子もいれば、反対にああしようか、こうしようかと悩む時間の長い子もあり、描き直すために何度も線を重ね、塗り直す子もたくさんいます。また写真のように最初描いていたものが、途中でイメージがどんどん広がって違うものになってしまう事もよくあるものです。むしろそこにこそ、子どもたちの思いが込められていると思うのです。

保育のねらい通りに、時間内に描かせる事に汲々とするのではなく、一見無駄と思える過程こそ、子どもの表現力の育ちに必要と考えたいのです。

「うさぎがピョンピョン跳んでいたのに、風船が飛んでくっついたからカニさんになった」 4歳児

9

指先で考える、筆先で考える…

前回にも触れましたが、たっぷりと絵の具がついた筆で何かを「描く」という事が、絵の具というものに出会ったばかりの子どもたちにとって、いったいどんな体験なのか、どんな広がりや深まりを生んでいくものなのか、保育する私たちはその体験の中身を常日頃十分に考え、理解しようとしているか気になるところです。

いわゆる大人が見てわかる絵、常識的にうまい絵、よい絵を描かせる、作品として見栄えのするものを描かせることだけが保育の目標になっているとしたら、私はこれほどつまらないものはないと常々思っています。何度か述べてきたように、幼児にとって絵の具とは遊ぶものであり、色や形を試し、確かめ、そして自分の中に取り込んでいくものであるはずです。

先日も5歳児のあるクラスで、絵の具で遊びきったという感じの保育を見ました〈**写真1**〉。はがきよりも少し大きめの大小の画用紙に、プリンカップに入ったポスターカラーを綿棒の先につけて、子どもたちが思うような面白い形を描き、好きな色を塗りこむというシンプルな遊びなのですが、ご覧のとおり描きだしたら止まらないという状況となり、次々と線描と塗りを織り交ぜ、子どもたちが無限の色と形の世界を作り出していく様を見たのです。

写真1

ここで私はあらためてあることを確信しました。…子どもたちは頭の中にある形を思いつき、それを絵にしているのではなくて、指先の感覚、筆先から伝わってくる絵の具の感触に導かれて線を描き、塗りを行っているのではないかという事なのです。頭が指先の動きを命令しているのではなく、むしろ指先の動きの面白さとそれを追う目の動き自体が楽しい、ワクワクするのではないか。それが描く行為の主体になり、頭はむしろ無となっているのではないか。指と筆先が自動的に形を描き、塗りを楽しんでいるのではないか。そのような事がまさに遊びになり、結果として実にみごとな造形の世界を生んでいる、という事なのです。

ここが理解できないと子どもの造形世界は見えなくなると思うのです。絵の具という素材と筆や綿棒という道具は、まさにそういう体験を保障する最適のものに思えます。塗りだすと止まらなくなる、線を描き出すとドンドン続けたくなる、思わず目の前の白い紙を違う色と形の世界に変えてみたくなる、そういう体験が可能なのです。イメージやテーマなんて後からついてくれば良い…。子どもたちの夢中な表情を見ているとそう思いたくなります。

〈写真2〉も3歳児の線遊びの一つですが、これらもまさに筆先から自動的に生み出された、描きながら筆先で考えた形だと思うのです。その自在さ、命のリズムのような躍動感こそ私たちが感じておきたいことです。そして何より、それを保育の出発点に置きたいのです。

写真2

10

塗り絵はダメ？

④（教材研究は子どもと共に…）では保育者の思いこみについて少し述べましたが、今回は「塗り絵」について…。私が幼児の造形について勉強を始めた頃は、子どもの想像力や表現を育てるためには、決められた形の中にただ色を塗り込んでいく作業になってしまう「塗り絵」は良くないものだと教えられたものです。確かに、色の塗り方の丁寧さや、色の組み合わせ以外に工夫できる余地のない塗り絵は自分なりの表現がしにくい面が多々あります。それで、私も当初は「塗り絵」はさせない方が良いという姿勢でした。

しかし、よくよく子どもの遊ぶ姿を見てみると、「色を塗る」という行為は単純ではありますが、どんな子どもにとっても心がウキウキし、達成感のある楽しい遊びに違いないのです。特に描くことの苦手な子どもにとっては、天国の様に

写真1

写真2

楽しい遊びです。それを、創造性が育たないから塗り絵はダメと決めつけるのは、ある意味大人の勝手な思いこみではないかと私も思うようになりました。

そんな中で出会ったのが、ドイツの〝MANDARA〟という遊びです〈写真1、2〉。これは日本のキャラクター型の塗り絵とは全く異なった発想の塗り絵で、仏教の曼陀羅画のような形の中に様々な抽象パターンがあり、型紙が何十種類も用意されています。キャラクターや具象画でないと子どもが興味を示さないのではないかという前提で作られたのが日本の塗り絵ですが、実はMANDARA型の塗り絵も子どもは夢中になって遊ぶのです。そして、この中で様々なパターンを子どもは知り、形と色の組み合わせの面白さをも学んでいきます。

そんな遊びをたくさん経験していくと、年長組にもなれば、自分で塗り絵のパターンを作っていけるようにさえなっていくことがわかってきました。マーカーやクレヨンだけで〈写真3、4〉のような塗り絵をつくり、遊びます。なんと創造的な塗り絵でしょう。

どんな遊びにも創造性は宿っているのです。

写真4

写真3

11 線描からの積み重ね

「おばけ」

新年度が始まる頃は、幼稚園、保育園に限らず、子どもたちはいろいろなモノに初めて出会い、それで遊ぼうとする意欲が育っていく日々だろうと思います。その中に、クレヨンやマーカーなどの描画材があります。私たち大人は、それを使って子どもにいわゆる「絵」というものを描くことを期待し、絵になるような指導をしようと一生懸命になりがちです。

しかし、何かを描かせようと思う前に、この時期初めてクレヨンを手にした子どもたちの心の中をまずは考えておきたいと思うのです。「写真は2歳児の描画ですが、いわゆる乱画、なぐり描きと呼ばれるものです。大人がつけた名称というモノは残酷で、これは決して乱れた絵でもないし、雑な絵でもありません。2歳の子どもが自分なりに、慣れない手つきで、一生懸命ああもしてみよう、こうもしてみようとマーカーという画材から生まれてくる「線」というものにトライしている、その遊びの「轍《わだち》」なのです。何かの形を描くという、いわゆる「絵」の約束事からではなく、マーカーというモノでいったい何が出来るのか、その試しを何度も何度も紙の上で楽しんでいるのです。

円運動から、ジグザグ線に変化し、やがて点打ちから直線や円が現れるようになります。それは、手と目を使った「学び」の体験と言えます。この体験こそが

「ぴんくのまる」

無題

その後の絵画的表現のベースにもなり、やがては認知的発達を促し、文字学習にも通じていくのです。

　子どもが、不定形の線で溢れた画用紙を得意満面で「できたよ」と保育者の所まで持ってきたら、ひたすら「うわー、いっぱいかけて良かったね。見せてくれてありがとう。」と私たちはシンプルに喜べばよい。そう思います。そういううれしさの積み重ねを本当に大事にしたい。

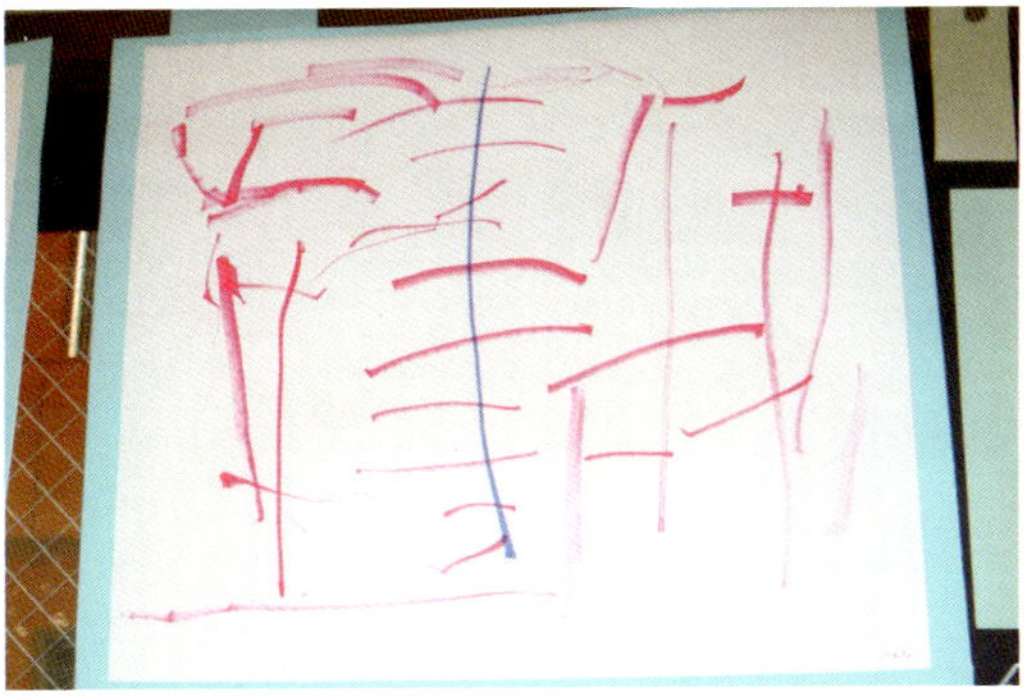
無題

12 うれしいこと

「ぼくとパパとママがおまんじゅうをたべてる」

子どもにとって「うれしい」瞬間ってどんな場合でしょうか。「楽しい」と「うれしい」とは似ていますが、少し違うものと私は考えています。絵の具でグイグイ線を描いたり、色を塗ったりするのは心が弾む「楽しい」瞬間です。しかし、そこに寄り添ってくれて、言葉を掛けてくれる保育者や大人がいなければ、ただ「楽しい」だけで、「うれしいなあ」という感情は湧いてきません。「うれしい」という感情は、自分の思いが誰かに通じて、理解してもらったときに生ずる、よりレベルの高い感情だと私は思っています。辞書を見ても、「うれしい」という気持ちは、誰かに対する「ありがとう」という感謝の気持ちが入ったときに生ずるものと書かれてあります。

前回、2歳前後から始まる「なぐり描き」と呼ばれる描画、ドローイング（線描）の意味について述べましたが、この時期は無我夢中でパーッとエネルギーが溢れるように描いて遊んでいます。3歳前後になると写真のように絵に名前を付けたり、いろいろなお話しをしてくれるようになります。大小の丸に名前をつけたり、人物らしい形が並んでいるだけでもいっぱいお話しを展開してくれます。この時期は、独り言を言いながら絵を描いたりすることもあり、言葉と形をつないでいくことが一番楽しい遊びになるのですが、大切なのは言葉によって保育者や大人が「あーっ、そうなんや」と頷いて受け止めてくれるようになることです。

それまでは、よくわからない形に戸惑うばかりの大人の反応が、形に名前を付け出すこ

「にじ」

とで初めて解ってもらえるようになります。これほど「うれしい」瞬間はないのです。この「うれしさ」こそが、それからの自信と自己肯定感情を育てる源と言えます。どんなへんてこな形でも、それらしく見えない形でも、お話しや名前をつけて子どもが表現してくれたことを、私たちはいっしょに喜び、丁寧に聞いて、記録していく、そういう日常の保育が必要なはずです。一人一人のお話しを聞いて回るだけでもエネルギーが要りますし、もっと違うように描いて欲しいとか、ねらい通りに描いて欲しかった等という保育者の「欲」もあるでしょうが、まずはこの時期、それは脇に置いて、お話しをちゃんと受け止め、「楽しいお話しありがとう」という気持ちを子どもに返したいものです。それが正に「うれしい」時間になるのです。

「うみ」

13 まねっこも悪くない？

有名なイラストレーターで、アーティストでもある横尾忠則さんが、以前大変興味深い事を話されていました。……「自分のデザインの原点は幼児期にあります。実家が呉服商をしていて、その着物の反物についていたラベルの模様や、メンコ、絵本などに描かれていた図像、マークに囲まれて育ちました。そして、私はそれらをひたすら模写して、知らず知らずのうちに絵の技術を習得したんです。」……というものでした。

これは大変示唆に富んだお話しです。絵は見本を写したり、まねをして描いてはいけないというのが、創造力を育てる基本だという考えがありますが、一方で自分の好きな物や形や色をなぞって、写して、模写して遊ぶというのも子どもにとって夢中になる遊びの一つでもあります。横尾さんの例のように、絵を描く事の楽しさは実は日常にころがっていることなのですが、むしろ過去の学校教育が、興味や面白みのない物や、完成した絵を見本にして、むりやり子どもたちに描かせようとした事で、事態を歪ませたのではないかと思います。子どもは本来、面白い形や色に目を見張り、興味を持って真似して描いてみたいという欲求を持っているものだと思います。

写真1

事例では、たまたまハワイから一時帰国した5歳の男の子が、1ヵ月間幼稚園で保育を体験し、それがきっかけでクラスの子どもたちが世界の国や人々、国旗に興味を持ちだし、特に国旗のデザインや意味がひとしきり話題になった中で、どの子も国旗の形や色が面白くなって、みんなで真似をして国旗を描いたものですが〈**写真1**〉、その模写の経験がベースになって2学期の後半になると自分たちで架空の国の面白い形の国旗をデザインし始めました〈**写真2**〉。指示され、描かされた模写ではなく、自分の思いで取り組んだ「まねてやろう」の遊びの小さな積み重ねは、やがて「まねてばかりでは面白くない」という気持ちを生んで、独自の色や形の表現につながったのです。

以前にも創造的塗り絵のお話しをしましたが、創造的模写の遊びも、今の子どもたちにはむしろ必要だと思うのです。

写真2

14 見つける遊びとしてのスケッチ

遠足でペンギンさんに出会って…

前回は模倣遊びから始まる描画のお話しをしましたが、今回はスケッチの効用のお話しです。スケッチというと写生という事を連想させますが、大人のように景色や情景を描くのは、幼児期には困難です。5歳から6歳頃の幼児の場合は、面白いものを見つける、面白そうだからそのものだけを描いてみるという事が楽しいのです。またもうひとつ大事なことは、軽い気持ちで描いてみて、失敗もオーケーという事がなにより必要です。

四つ切りや八つ切りの画用紙で、しっかりとした絵を描かせることに腐心しているのが、過去の図画教育や保育の「しんどさ」であると私は常々思ってきました。美しい白い画用紙は、多くの子どもたちにとっては「失敗はだめだよ」という、重たいメッセージになっています。

そんな紙である必要は全くないのです。余り紙や不要になった大小の紙に好きなように、何度も何度も描いて遊ぶ。そこに無数の失敗と試しの時間、大人にとっては無駄な時間が許されてこそ遊びであり、今の子どもたちに必要なのはそういう遊びの中での「小さな失敗」の体験なのです。作ったり、描いたりするのがきらい、苦手という子の場合、ほとんどがこうした体験の欠如が原因です。

そこで5、6歳児に提唱したいのが、スケッチ遊びです。葉書大程度の余り紙を何枚もミニバインダーに挟んで、肩からさげて園内探検。あるいは近所へのお散歩や遠足。そこで、面白いものを見つけたら、とにかく自分なりに描いてみる。手に持つのは、鉛筆や黒のマーカー1本だけで十分。景色を描くのではなく、「うわっ、これ面白い」と感じたものを部分だけでもいいから描いてみる。失敗しても平気。重ねてある紙を使って、思うままに描いてみる。「写生」ではなく、「見つけて描く遊び」です。構えた課題設定保育ではなく、こうした普段の小さな体験の積み重ねの中でこそ、子どもたちの描く力＝表現力と意欲が育つのです。

公園で見つけた面白い花をスケッチしてみました。

15

行事→描画のパターンを見直す

季節や行事をテーマに、経験したことを子どもたちに描画表現をさせたい、という思いはどんな保育者も持っていらっしゃるように思うのですが、この思いは保育としてどの程度子どもたちに通じているでしょうか。

見たこと、経験したこと、その形や色を思い返し、その形をなぞるように絵を描くというのは、実は幼児にとってかなり難易度が高い活動です。例えば、3、4歳児にとっては、好きなものや見つけたものを描きたいという気持ちが強く、保育者の経験したことだけを描かせたいという思いとは裏腹に空想のようなお話しの絵になってしまうこともしばしばです。また5歳児になると、あったことを羅列して記号のような形で表現して、一応経験したことは描いてはあるのですが、どうも子どものワクワク感がないような絵になってしまうこともあります。特に

写真1
「粘土で出来ていて宇宙まで行ける塔」

描画体験の乏しい子ども、成功体験のない子どもにとっては、一度しか経験していないこと、それがどんなに面白い経験であってもそれを絵で表現するというのは本当にしんどい活動なのです。それは「読書感想文」のようなもので、かえって本嫌いの子どもを増やしているのではと指摘されることとよく似ています。

ではどうすれば、行事などの経験を楽しい描画に変えることが出来るでしょうか。例えば、〈写真1、2〉をご覧ください。これは5歳児の子どもが万博公園の遠足に行く前に空想して描いた「太陽の塔」です。

保育者が、遠足で出会うであろう巨大な「太陽の塔」のお話しをたっぷりと聞かせます。世

写真2
「汚れたときは水で濡らしてくれたり、寒いときは太陽で照らしてくれる塔」

界にあるいろいろな塔の写真も見せながら、「不思議な顔が三つもあって、大きくてね、…」と、子どもたちとやりとりしながらお話しを膨らませていき、そして描かれたものは、実際に見て描いた絵（現地で写生〈写真3、4〉）よりもはるかに幼児らしいエネルギーに溢れたものでした。幼児期に一番育つのは空想、ファンタジーを作る力です。この力を育てることが第一であり、現実の形をなぞらせるだけの描画指導にはそろそろさようならをしないといけない事を、この事例は示していると思います。

2、3歳児から絵に思うようにお話しをつける楽しさを知り、描きながら空想を自在に形にして遊ぶという経験を重ねていくと、「見てから描く」よりも「見る前に描く」という保育の広がりが出てくるのです。

写真3

写真4

16 小さく描くのは…

写真1

保育の場面のみならず、小学校の図画工作の授業の場面でよく耳にするのが、「描きたいものを大きく描きましょう」という言葉です。

小さく描く、細かく描くことは良くないという一種の信仰に近い考えが、ずっと以前から教育界を支配してきたように思います。私も幼児期からこの言葉をいやというほど聞かされた記憶がありますが、本当に小さく描くことは問題なのでしょうか。

先日、4歳児の子どもが「おうちで描いたよ」と言ってある絵〈**写真1**〉を持ってきました。A4サイズの紙にびっしりと大小の頭足人が描かれていますが、なんと、みんな手をつないでいるではありませんか。すばらしい表現だと思わず声をあげてしまいました。いろいろな人がそれぞれの表情を持って、どんどん手をつないでいっている。どれひとつ無機的な線はなく、みんな有機的につながった大きな生命を感じさせる小さな絵の集合体です。

もう一枚の絵〈**写真2**〉も見てください。これは5月のある日、別の4歳児が描いた絵です。描かれているのはすべてダンゴムシです。ダンゴムシらしい形をしている2匹以外の大小の無数の丸もダンゴムシなのです。この埋め尽くされた小さなダンゴムシの絵は、この子のダンゴムシに対する思いの発露であり、一つとして同じ大きさのない円形に命のイメージを託しているように思えます。

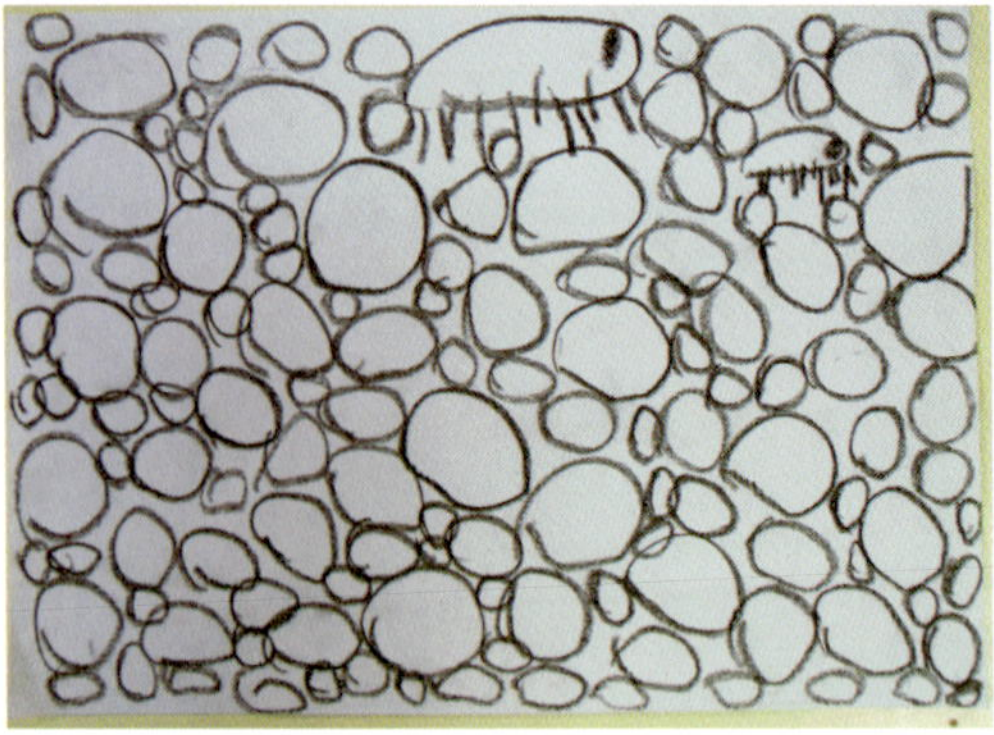

写真2

「大きく描く」事だけが表現ではないことをこの2点の絵は証明しています。大人の画家でも、隅々まで細かく描き込むことでリアリティを表現しようという人は数知れません。…あるがままの幼児の描画、表現の姿から保育を組み立てていかねばならないと思うのです。

17 言葉主義

写真1

今回は、特別支援が必要なある子どもの表現の事例を通じて、言葉と表現という事を考えてみたいと思います。

Aくんは3歳児入園で幼稚園に通っています。当初から言葉がうまく話せないというハンディがあり、集団での行動のコントロールがままならないという課題がありました。しかしながら、彼は描画、紙を切る遊びになるとひたすら熱中するのです。絵の具を使うと何枚もドローイングを繰り返し、マーカーを持つと小さな紙切れに様々な形を描いたり、塗ったり…。3学期のある時には保育室の前のケヤキの木を見ながら、スケッチをしている姿も見られるようになり、大変驚いたものです。また、はさみを使うと一心に紙を渦巻き状に切って遊び、いつの間にか「回し切り」という技法まで体得してしまいました。

3歳児の発達課題としては、描いた物を言葉で説明出来るという事がありますが、彼の場合はそれがままなりません。しかし、彼の描画を見てみると〈写真1〉、形をいくつか構成し、ひとつのイメージを表現しようとしているのが明らかで、認識の分節化も進んでいるのがわかります。言い換えると「言葉」という概念ではなく、直感的にものを捉える力は健常児となんら変わらないということなのです。

写真2

そして、4歳児クラスになった彼が描いた絵がこれです〈写真2、3〉。最近の彼は毎日の様に大好きなロボットの絵を繰り返し描いています。言葉はまだたどたどしく、発語もうまく出来ないのですが、なんとイメージと描画力の豊かなことか…。繰り返し描かれたロボットには1枚として同じ物がなく、細部の表現も、構成力もずば抜けて巧みです。どんな細部にもAくんの思いがぎっしり詰まっており、幼い言葉、聞き取りにくい言葉ながら一生懸命描いた物を説明しようとしてくれます。

このようなAくんの表現を前にするとき、私たちは「言葉主義」に陥っているのではないかと思えてなりません。言葉の育ちが遅いというだけで、「遅れている」という色めがねで見ていないでしょうか。言葉で説明できないものを感じる、表現することこそが、本来の造形表現であり、Aくんの様な構成力、形の面白さの中に込められた魅力をまずは感じて、そこに言葉以上の育ちの価値があることを受け止めたいと思うのです。

写真3

18

描くとは何でしょうか

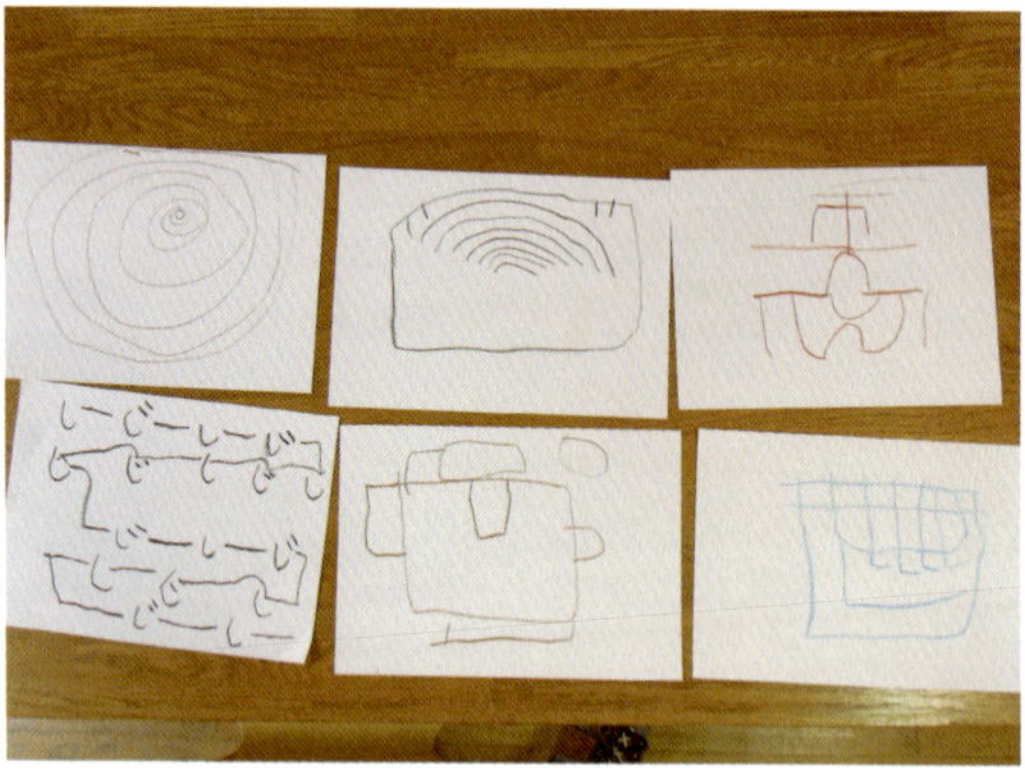

写真1

人間にとって「絵を描く」とはどういうことなのか、幼児と接していると考えさせられることが多々あります。

先日、体調が少し悪くなり、職員室で休ませてほしいと年長組の担任がある男の子を連れてきました。熱もなく、少ししんどいだけというので、椅子に座らせて様子を見ていました。そのうち、退屈だからお絵かきをしたいというので、クレヨンと数枚の紙を渡しました。すると10分も経たないうちにサラサラと何枚かの絵を描いてしまいました〈**写真1**〉。驚いたことに、それらは何かを描いたというよりも、抽象的な形が並べられ、組み合わされた不思議な造形的魅力を放っているものでした。現実界の何かの形をなぞって描いたのではなく、つかみどころのない心の中に浮かんだ何かを、手の自然な動きに導かれるように思うがままに描きつづった形でした。当の子どもは特に何を描いたというお話しもないようで、「面白いの出来た…」という言葉のまま、何か描き終えてすっきりして、少し体調も楽になっていたようでした…。絵は決して見たものの形をなぞるだけではない、紙の上での遊び、線の楽しい実験に他ならないこと、そしてなにより心の中のなにものかを表出する営みである事を、このある日の事例は私たちに教えてくれているように思うのです。

写真2

また、風で遊ぶという活動〈吹き渡る風の音を聞きに行ったり、ビニールを風に飛ばしたり、風の中で思い切り走り回ったり…〉をたっぷりと経験した後、生まれた4歳児の絵を見てください〈**写真2**〉。ここで描かれているのは風の「形」ではありません。それは、子ども自身の体が風と一体になったかのような「動き」そのもののようです。絵の具と筆そのものが風であり、画用紙の中を自在に動き回り、そして筆の動きは子どもの心の高揚、ワクワク感そのものなのです。

目で見た「形」をなぞり、写し取るのが「絵」である…。確かにそうなのですが、幼児が自由な思いで描いたこれらの抽象形も立派なひとつの絵であり、描画的表現行為そのものなのです。音楽を聴きながら色彩と線描で心の動きを描いて遊んでしまう子ども、バラやオレンジなどの心地よい香りを色遊びで表現する子ども、そういう事例も数えきれません。絵を描くとは、目には見えない、言葉にならない心の動き、波動のようなものが色や形に置き換えられる営為なのです。私たち大人は、見たものだけを見たとおりに描かせる事に日々汲々としていないでしょうか。幼児の遊びの中に現れる描画的行為の本質をもっと丁寧に、広く柔らかい視線で見直すことが、今なにより望まれると思っています。

第3章

ホントに面白いこと

19

子どもがしてみたいこと

今回は粘土の造形遊びについてお話ししたいと思います。

絵の具にせよ、粘土にせよ、子どもたちの目にそれはどのように映っているのでしょうか。大人にとってそれは、絵を描く道具であり、それらしい形を作っていく素材にしか過ぎません。しかし、子どもにとってそれはまず未知なる不思議な「もの」「物体」の一つであるように思います。

今までも何度か述べましたが「大人が『絵の具』って言っているあなたはいったい誰？　何が面白いの？　何が出来るの？」という問いかけの対象なのです。ですから子どもは無心で絵の具を手のひらに塗ったり、画用紙をいろいろな色で塗り込めてしまっ

たり、絵の具の性質を確かめるためにいろいろな遊びを繰り返すんですね。絵を描くという意識が育つのはその試しの遊びの後にやってきます。

粘土も同じです。作例は油粘土で4歳児の子どもたちが遊んで作った様々な形です。粘土を手に取り、ちぎり、丸め、伸ばして、切って、曲げて、繋げて、型押しして、立ててと思うがままに形を変え、組み合わせ、様々な試しを遊んでいます。この一見何を作ったかわからない、抽象的な形態にこそ、「粘土さん、あなたっていったい誰なの？どんなことが出来るの？」という子どもの呟きが溢れていると思えてなりません。

人や生き物の形に似せたものを作ろうという意識ではなく、手先に導かれ、形を自在に紡いでいくその様子は、正に「手で考えている」ということそのものです。何かを作らせることにやっきになっている大人や保育者に向かって、「ねえねえ、こんな面白いことないよ、これが本当の遊びだよ」と逆に問いかけているように私には思えてなりません。

20

自分の壁を乗り越える…土粘土で遊ぶ

砂場での遊びやどろんこ遊びを経験させていない幼稚園、保育所はほとんどありません。しかしながら、この20年近く土粘土で遊ばせない園がほんとうに増えてきました。若い保育者自身が土粘土を幼児期から1回も触っていない事もまれではありません。土粘土ほど自然そのものの素材はありませんし、思うように造形できる可塑性に富んでいます。描画や工作が苦手な子どもでも、土粘土遊びになると目の色が変わり、夢中になるものです。

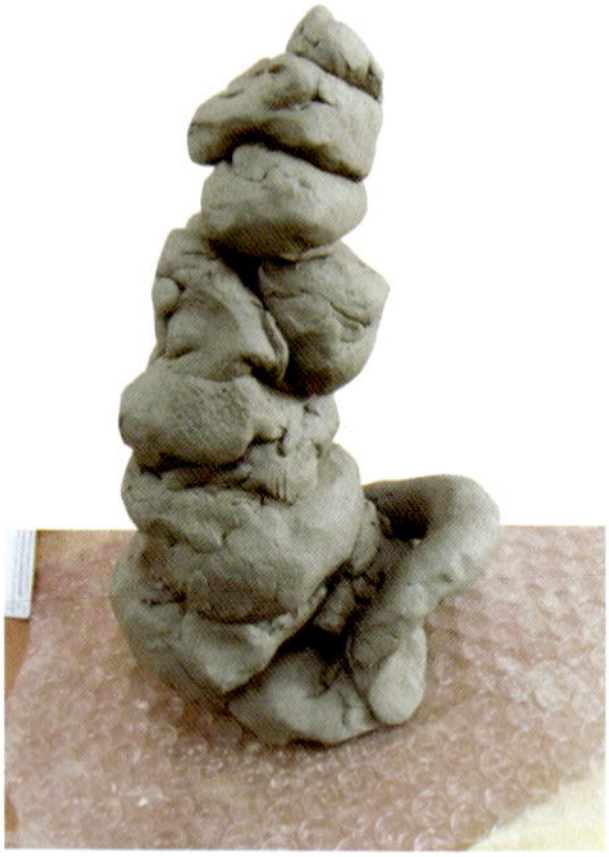

写真1
「さかみちがたおれそうなとこ」

なぜ、土粘土は面白いのか。単に丸めたり、団子を並べたりして遊ぶのは、油粘土でも出来ますが、土粘土は重力に逆らって積み上げたり、ひねり出したり、つまみ出した

写真2
「シャワーがともだちにかかってる」

りした形が見事に立ち上がり、その形をしっかりキープする事が出来るからです〈写真1〉。

描画は平面の、平たい世界の中での遊びですが、土粘土は掌の中で、グイグイと形が伸び上がり、ドーンと存在として立ち上がるのです。それは、まるでハイハイしていた乳児がつかまり立ちをし、立ち上がることが出来た感動と同質の思いを子どもの中に沸き立たせます。立ち上がる形は何度も繰り返され、試され、放射状の形となって遊びの中で花開きます〈写真2、3〉。

その姿は、地表を歩いているだけの様な平面の造形世界から、重力に逆らって

写真3
「てんとうむしがすってんころりんしてちでてるとこ」

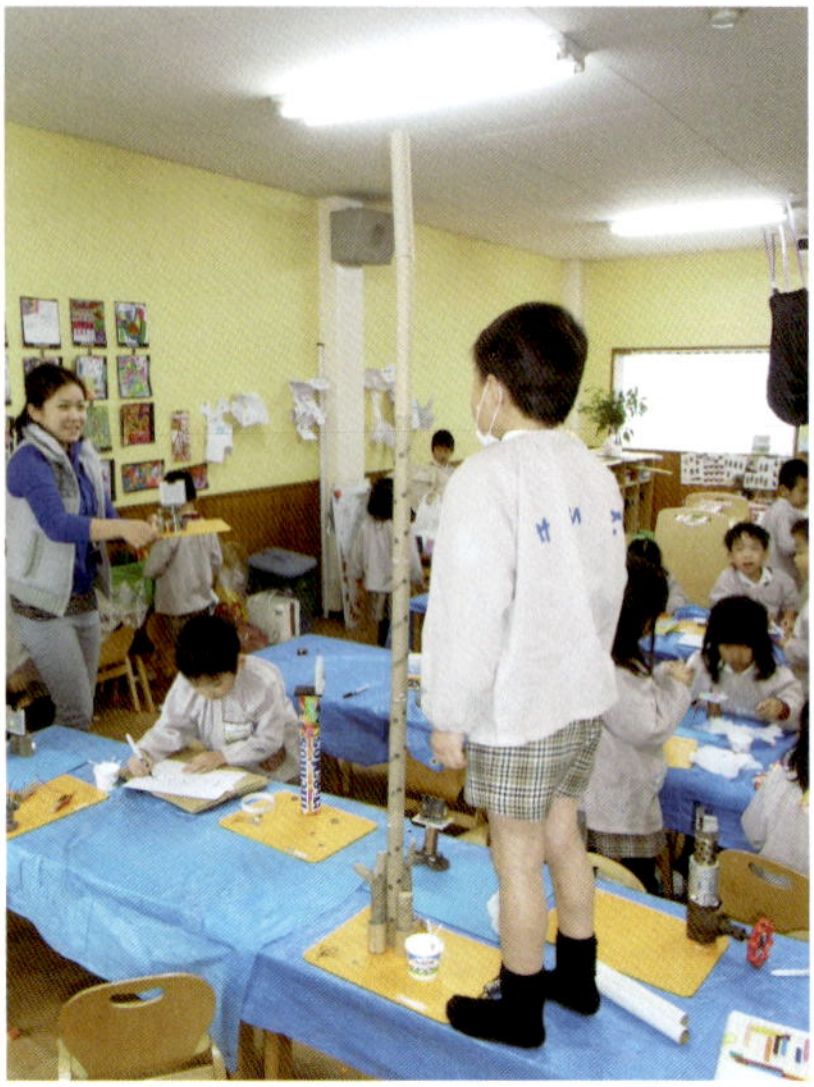
写真4

空中に伸び上がる造形世界へ、子どもの目は固定された平面から、鳥の目のような固定されない自由な視点へと、土粘土遊びの中で子どもは自分の殻をうち破り、壁を乗り越えていくように私は思えます。等身大の世界から、鳥の目の世界へ、子どもの造形は「高さ」と「視点の自由」を獲得できるのが、土粘土なのです。

やがて、自由になった視点は、〈写真4〉の様に、紙筒を継ぎ足しての造形遊びでも、高さでより自由に遊べる心を生み出していきます。

こんな遊び、出来ないのは本当にもったいない。…みなさん、保育にもう一度土粘土を取り戻しませんか。

21

紙を思うままに…「技法」で遊ぶ

何かを表現するための「技法」、何かを作り上げるために「技法」を駆使する等と言いますが、幼児の遊びにこの考え方が当てはまるかどうかというと、かなり疑問が生じます。この考え方で保育をすると、大人や保育者のイメージする、こうあってほしいという作品作りのために「技法」を教え込むという保育になってしまう事が起こりがちです。

写真1

そうではなくて、紙を折ったり、切り込みを入れたり、あるいは色を重ねて新しい色を発見するという重色や混色という技法そのものを、いろいろ試して遊び込んでみるという経験こそが幼児期には大切だと思うのです。結果は、何が出来るかは子どもが決める事なのです。

例えば、紙遊びを例にとってみましょう。〈**写真1**〉は4歳児が二つ折りというシンプルな技法で遊んだ時の様子です。保育者が細長い紙を二つに折ると、紙が立体になり、立ち上がりますよ、という技法を伝えると、興味を持った子どもたちがどんどん自分たちで紙を折り始めます。立ち上がった形は、トンネルか、家か、山か、タワーか…様々に見立てて遊び出します。それをたくさん作って並べてみると…何かとんでもない面白い空間が出来上がりました。また二つ折りにした紙に絵を描いて切り抜くと…、これも立ち上がって好き

写真2

な動物や乗り物が立体になります。

〈写真2、3〉では、5歳児が二つ折りにした紙に「切り込み」をいろいろと入れて遊んだ形から生まれたものです。大小の紙にそれぞれ切り込みを入れてみる。指で押してみると立体が現れます。面白くなって何度も何度も、繰り返してみる。今度は出来た大小の紙を組み合わせると、予期しなかった面白いイメージがわき上がります。

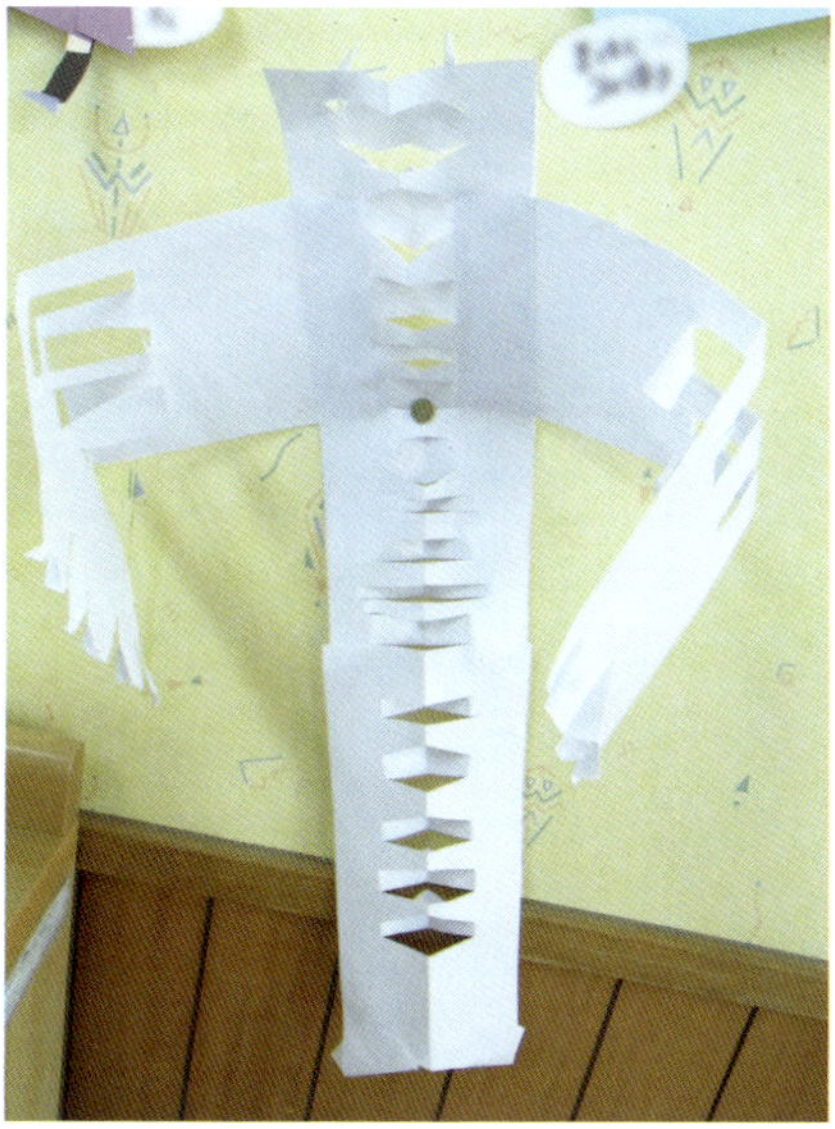
写真3

こんなシンプルな技法＝アクションを自分なりに何度も繰り返し、試して遊ぶ中で、自分が工夫した形を見つけ、見立てる遊びが始まる、そういう過程こそが幼児期には必要です。その中で初めて私たちが言う「技法」というものが自然と身に付いていくと言えます。

22

文字で遊ぶ

文字表現と造形表現。昔から作文や詩は、描画や工作は相いれないものとして扱われてきたように思います。曰く、「絵の中に言葉を入れて描いてはいけない」「吹き出しがある漫画のような表現は良くない」などと、散々私たちは学校教育で指導されてきました。しかし、実は文字も色や形も人の思いや心情を伝え、表現する大切なメディアである訳で、純粋に文字だけ、色や形だけで表現を工夫することに一定の意味はあるにせよ、それをどのように使うか、まして幼児期の遊び心を大いに発揮させたいこの時期には、もっと柔軟な指導があって良いと思っています。

別のところで取り上げたイラストレーターで画家の横尾忠則氏は絵の中にさまざまな文字や図記号を取り入れた表現を繰り広げていますし、１９２０年代のドイツの抽象画家バウル・クレーにもアルファベットを取り入れた絵があります。

　表音文字としての平仮名やカタカナ、アルファベットに加え、表意文字としての漢字は、元来それ自体が造形、形と構成の魅力を持っているものです。東洋の伝統としての「書」も造形としての妙と表現の意味が一緒になったものに他なりません。

写真1

　幼児期にあって、文字や記号に興味を持ち出すのは当然のことであり、覚えたての字を面白がって絵の中に書きたくなるのは、遊び心から言ってそれは自然な発露と言えます。

　そういう観点から、文字を積極的に描画表現に取り入れて遊んでみるという保育を紹介したいと思います。〈**写真1**〉は6歳児の作品なのですが、園庭の中を通り過ぎる冬の木枯らしの音を面白がって聞いていた子どもたちが、風がどんな音がしたかを覚えておいて、紙の上に風の動く様子を絵の具で描いてみた上に、さらに文字を重ねて風の感じを表現したものです。さまざまな風の音を言葉にし、それらを大小の形に工夫して並べて描いたり、特定の色の上に言葉を置いたりして、摩訶不思議な空間が出来ています。言葉から受けるイメージと文字の配置と大小の組み合わせ、絵の具の線描から受ける造形的な面白さとが交じり合って、幼児ならではの遊びにあふれた世界がそこにあります。決して文字なしでは出来ない面白い空間です。

写真2

もう一枚の絵〈写真2〉は漢字の形を自分なりに変えて遊んでみようという活動です。漢字のもっている意味がもっとわかるように、自分なりに漢字の形を変えてみよう、色や絵を付け足してあげようという遊びです。「走る」という漢字が、子どもの遊びによって見事にひとつの造形になっていると思うのですが、いかがでしょうか。

文字を幼児が自分なりにデザインしてしまうという風に呼んでもいいような遊びですが、こんな遊び、活動の中でこそ、子どもは文字や記号を自分の中に取り込み、面白がりながら深い学びをしていくのだと思うのです。それは文字の系統学習よりも意味のあることかもしれません。

第4章 何度も、何度でも

23

並べてみたら…の世界

写真1

造形の世界では、技法や画法というもの事にこだわりを持つ方が多いようですが、前にも触れたように、幼児の世界では造形活動は全てが「試し」であり、「遊び」が出発点であるならば、技法は単なる大人が考えた形式にすぎません。

大人が考える技法という形からではなく、子どもが何者かに導かれるように、自然と打ち込んでいる活動や遊びの中身を私たちはよくよく注視しなければなりません。例えば「並べて遊ぶ」という事がそれです〈写真1〉。

3歳児が粘土をちぎって丸めていく内に、それを並べていくことが面白くなり、さらに丸めて遊ぶ。たくさんの団子が出来

写真3

ていく。そこには団子＝点がつらなり、点の連続としての線が見えてきます。飽きることなく大小の団子が生まれ、並べて遊ぶ姿に、子どもの心が大きく動いているのが目に見えるようです。

並べて遊ぶ事はやがて〈写真2〉の様に、見立て遊びへと進化し、お話しが生まれてきます。

また、〈写真3〉の様に、粘土の団子の代わりに丸いシール（ドット・シール）を使ってみんなで遊べば、シールは飽きることなく並べられ、つながり、やがて点が線の形になって無限の形が生まれていきます。

「並べて遊ぶ」という本当に単純な行為。しかし、それは幼児にとってあらゆる形の可能性を知る活動であり、「構成して遊ぶ」という高度な遊びへとつながる最も根源的な遊びです。いわゆる技法というものにこだわらず、子どもが夢中になる「行為」というものから、常に造形遊びを考えていきたいものです。

写真2　「雪だるまが雪食べてる」

24 作っては壊せる…の世界

「じどうこうえんであかちゃんたちが あそんでる」

これまで幼児の世界では造形活動は全てが「試し」であり、技法は単なる大人が考えた形式にすぎないというお話しをしました。その意味で、子どもの造形遊びは何度も何度も試して遊べるということ、言い換えると「完成」というものがない世界といえます。

大人は出来上がりのイメージがあり、見通しや手順を考え、描いたり作ったりするものですが、幼児はまず行為ありき。描き、作りながら考え、考えては描き、そして何度も作り直したいという欲求に満ちています。一度作ったものを躊躇なく壊してしまう。一度描いた絵の上に絵の具を載せてぐるぐるかき回してしまうことも平気です。「せっかく良いのが出来たのに、もったいない」と、子どもの横でオロオロするのは大人ばかり。

写真は、保育者が砂の入った容器を用意し、その上に3歳児が様々な形の素材、自然物や廃品を何度も何度も並べかえたり、置き換えたり、埋めたり、突き刺したりしながら、形の遊びを繰り返した結果生まれた造形物（作品？）です。なんという面白い形、そして見立ての世界でしょうか。

「こうえんの　さかみちに　ライオンおる」

製作や工作というと糊やテープで固定してしまい、作り直しがなかなか出来ず、子どものたくましい「試しの心」を阻害している事が多々あります。何度も、何度も作り替えが出来る、それ自体が面白いという体験を、積み木やブロック以外にもしっかりと保障できる造形遊びを私たちは工夫したいと思うのです。

「こうえんで　どんぐり　あそんでる」

25 積んでみたら……

子どもがものに出会う、いろんなもて遊びをして遊んでみる。つまんでみたり、両手で持ち上げてみたり、押したり、破いたり、……。そして、土粘土遊びのところでも触れたように、ちぎったり、丸めたりするというもて遊びが一段落すると、「並べる」という遊びが始まります。この「並べる」という行為は造形遊びの中でももっとも根源的な遊びの一つとも言え、ものを並べるということから次々と形が生まれていくのです。新しい形が生まれていくというこの過程が楽しくて、子どもはシンプルな遊びに夢中になります。

そして「並べる」遊びの中から、今度は「積む」という重力に抵抗する遊びが出てきます。ものを積んだり、崩したり…、それは最もポピュラーな「積み木遊び」に他なりません。フレーベルの考案した「恩物」の一部を「積み木」と翻訳し、子どもの遊びになくてはならないものとした明治時代の先達の知恵と慧眼には脱帽ですが、本来「積む」という遊びはシンプルにして無限の形を生んでいく魅力に富んでいるのです。この「積む」という遊びを、今の時代こそ、遊び込む時間と場所をしっかりと子どもたちに保障していく保育が必要と思うのは私だけでしょうか。

事例写真は、この「積む」という遊びを積み木以外の素材で5歳児が取り組んだものです。段ボール片をたくさん用意し、大きな紙片と小さい紙片を意識しながら、積み上げては壊して遊ぶのです。形をそのままにしたくなれば、木工ボンドで貼り付けてい

きます。木の幹のような強度も生まれ、子どもの背より高い物もできあがります。はさみで紙片の大小を調整し、バランスを友だちと相談しながら積み上げていく。大小の系列化を考え操作し、形を工夫していくと、そこに予想外の大きく、不思議な形が生まれ、何かの見立て遊びも始まるのです。そこに知力、見通す力、話し合う力、達成感等、様々な育ちが見えてきます。

26

何より育てたい、組み合わせる力＝構成力

造形遊びの定番として身の回りの不要品、廃品（最近ではリサイクル素材という便利な言い方もあるようですが…）を使っての活動がありますが、この廃品による製作でよく言われるのが、「身の回りの素材で作り、物の大切さを伝えたい」という道徳的な視点です。確かにこういう考え方も一定意味があるのですが、実はもっと大切な事があると思っています。それは、身の回りの何気ないものに「何かに見える」形を見つけて遊ぶ、言い換えると何かに見える形を「応用」して作って遊ぶ、まずはこの二つの要素です。クリップやキャップが、人や動物に見えたりするという「見立て」遊びが原点なのですが、これは人によって何に見えても良いし、どう応用しても良いものです（という事は、

「ぱっくんちょが　めをつぶってる」

廃品を使って、例えばキャップは動物の目に、箱は胴体にというお決まりのパターンで作らせておしまい、というのでは、ちょっと疑問ですね）。

そして何より大事なのは、キャップや割り箸やトイレットペーパーの芯などを組み合わせることで、1個の物では見えなかった何かが見えてくる、構成することでさらに「見立て」の世界が広がるという面白さです。組み合わせ方は、どのようにしても良いのです。同じ人の表現でも、ある子は紙皿を使い、ある子はゼリーカップを使う、ある子は洗濯ばさみを顔に応用してても良いわけで、さらにそれと組み合わせる体には団扇を使おうが、マッチ箱を使おうがそこに本来約束事はありません。

「犬とぞうさん」

この組み合わせを何度も試し、いろいろと組み合わせ方を変えることが何より遊びとして楽しくなければなりません。そこで思考の柔軟性が育ち、物をとらえる視点の幅が広がっていきます。こうした物を組み合わせて遊ぶという力は描画にも、粘土遊びにも通ずる基礎的な力、また言葉を組み合わせ、物事を考えていく力の基礎にもなるのです。この点をしっかりと押さえた保育をなにより進めたいものです。

27

イメージを広げる場

以前、「描きながら考える」というお話しをしました。子どもが何かを描くとき、面白いな、すごいなと思ったもののイメージの形や色をなぞりながらストレートに絵を描いているのではなく、むしろ「描く」という行為を通して少しずつ自分のイメージを作り、見つけていくのではないか、描きながら描きたいものが変わったり、増えたりしていくのは、正にそういうことなのだという事をお話ししました。

子どもが心躍るものと出会い、じっと見つめたり、手で確かめたり、匂いや手触りを感じながらものと関わる。それが人や生き物、草花や乗り物であったりする。そういう実際のものに生で触れ、確かめ、五感で感ずることで瑞々しいイメージが生まれてきます。しかし、それだけがイメージではなく、描いたり、作ったりすることでそのイメージが作り変えられ、広がっていきます。そこに空想やお話

写真1

しの世界が醸し出されてくるのです。このイメージの芽生えと作り変えを遊びの中で存分に楽しませることが保育なのだと思うのですが、実は描いたり、作ったりするだけではなく、子どもは別の体験によってもイメージを広げていくことが出来ます。

それは、心をときめかせ、ワクワクしたものについて絵本や素話などでお話しを聞いたりすることであり、また図版や動画などで直接体験できなかった事を、視覚体験として経験してみることです。また、5、6歳児になると友だちと話し合ったり、図鑑で調べたり、試してみたりするという知的な体験によってもイメージを広げることが出来ます。

事例としてある実践を紹介しましょう。〈**写真1**〉は5歳児のあるクラスに設けられたコーナーですが、恐竜に関する様々なものが集められたコーナーです。この学年では、春の遠足で近くの公園と自然博物館に出かけました。この博物館にはたくさんの恐竜や昔の生物の化石が展示されており、子どもたちはその大きさに驚き、また形の面白さに心を奪われました。足跡や卵の化石にも直接触れる体験もしたのですが、保育者はその後いろいろな恐竜の絵本を読み聞かせ、イラストや動画も用意しました。そして、子どもたちがさらにじっくりと恐竜のイメージを広げられるようにこのコーナーを作ったのです。そこには絵本、イラスト、模型、実物の化石などに加え、骨格の化石に興味を持った子どもたちのために実物の魚（鯛）の骨も並べておいたのです〈**写真2**〉。虫眼鏡も用意し、じっくりと子どもたちが自分なりのペースで遊びながら観察し、考え、確かめられるスペースが用意されました。

大切なのは、子どもたちが思う時間にじっくりとこのコーナーでイラストなり、模型なり、実物なりでじっくりとそれを見、確かめ、イメージを広げる時間が必

写真2

要であるという事です。1回きりの博物館での体験を、このコーナーで振り返り、反芻し、さらに自分の空想を思うように広げて遊ぶ時間が必要なのです。そうすることで初めて博物館で経験したことが自分のイメージとなって定着していくのだと思います。

そういう時間を是非保育の中で作っていく。子どもがそれぞれじっくりと自分なりに空想、想像に浸る時間を作ってやりたいと思うのです。「はい、目をつぶって見たことを思い出してみましょう」という保育だけでは、子どものイメージは決して育たないと思うのです。

第5章 造形活動相談室

Q1 描き方がわからない子

Q 年長児の担任をしていますが、絵を描く時間になると、決まって同じ子どもが、「どうやって描くの?」「何を描いたらいいの?」「描くものがわからないの」と描きだそうとしません。しまいにはべそをかいてしまうときもあって…。子どもを追いつめているようで、こんなときはどう対応したらいいのでしょうか。

A それは困りましたね。指導しているあなたもつらいですよね。年長児の指導をしてみるとこの子のように「描き方がわからない」「描きたいものがないという子が何人かいるものです。

どうしてこんな気持ちになるか、ここでちょっと考えてみましょう。

まず、描き方がわからないという子どもの気持ちです。3歳児や4歳児は描き

方なんてぜんぜん意識していません。思うままに線を組み合わせ、直感で形を作ってしまいます。この時期から思うように何度も何度も描いて遊んでいる子どもは、自然と自分なりの描き方を身につけてしまうんです。

ところがそういう体験の少ない子、ほとんどなかった子、あるいはいつも大人から言われたものだけ描いていたような子は、実は何も身につかないで育ってしまうんです。絵描き歌なんていうものもありますが、これは楽しい遊びの一つとはいえ、大人が考えた描き方です。自分以外のだれかが考えた描き方ばかり覚えてしまうと、自分なりに描くことがほとんどできなくなってしまうんですね。こんなことで、いつも人に頼らないと描けなくなってしまう子どもになるわけです。

家庭でそうなってしまった子もいますが、保育の中で先生が描き方ばかり教えてしまっても同じ結果になります。描き方は子どもが自分で時間をかけて見つけるもの。大人や保育者が教え込んでしまっては自発性や子どもらしい表現は絶対に生まれません。

課題がつまらない？

もうひとつの原因はあなたの課題の与え方にも問題があるかもしれません。子どもの生活経験のほとんどないもの、関心や興味のないもの、心が動かないものを描かそうとはしていませんか。目の前の子どもの興味・関心を十分くみ取らず、描くものを保育者がカリキュラムの中で先に決めてはいませんか。そんなことはないでしょうか。

描く力は育つ

幼児期から絵を描く才能が決まっているわけではありません。子どもの絵画表現は環境によって決まってくるのです。例えば自転車の乗り方は自分の体で覚えていきます。大人は乗りやすい自転車を用意し、ヒントを教えるだけです。何度も転んで、失敗をしながら学んでいきます。絵を描くのも同じ。何度も失敗して、描きつぶして遊んでいるうちに描く力は育っていきます。

焦らず受け止めて

焦るあなたの気持ちはよくわかります。でも、ちょっと思いを変えて、描き方にこだわり、手が止まってしまう子どもの思いを今言ったような点から受け止め、「へんな形のほうがずっとおもしろいよ」「へんな絵も先生大好き」「間違ってもいいんだよ」っていう柔らかい気持ちでまず対応してみてはどうでしょうか。

Q2

小さい絵ばかり描く子

Q

年中児ですが、いつも紙の真ん中や端のほうに小さく絵を描いてしまいます。私としては、絵はいつも、大きくのびのびと描いてほしいですが、小さく描いてしまう子どもには、それなりの理由があるのでしょうか。また、指導はどのようにしたらよいのでしょうか。教えてください。

A

なるほど、これはよくある質問ですね。確かに大きく描いた絵は迫力もあるし、説得力もあるように見えますね。

さて、「大きく描く」ことを期待する先生の気持ちなんですが、どうして大きく描くことが大切なんでしょうか。先生自身はっきりと答えることができますか。

どうして小さく描くのか

先輩からそう指導されたとか、研修でそう習ったとか、余白があると寂しく感じるなどがその答えでしょうか。でも、ちょっと待ってください。「小さい絵」が悪いという理由はあるのでしょうか。

よくよく見てみると、年少児の場合など、小さい絵をたくさん描こうとしている場合があります。また年長児になると、細かいものをいっぱい描こうする子どももいますね。絵が小さく、余白がいっぱいと思っていたら、実はその余白にどんどんほかのものを描きだして、それが全部お話しになってイメージが広がっている場合だってあります。

ポイントは、小さい絵を描く場合、それなりの理由、子どもなりの理由がちゃんとあるんだということです。

子どもの目線で考える

ほかに、画材に影響されている場合があります。四つ切りの白い画用紙が子どもの前に出されたら、子どもにとってそれがどんなに大きな巨大な空間か、一度想像してみてください。それは先生にとっては全紙大の模造紙ぐらいの大きさではないでしょうか。先生がいきなりそんなに大きな紙にひとりで絵を描けと言われたら、さて、大きく描けるでしょうか。

また、例えばマーカーやクレヨンなどで線を中心に描く場合、ぐいぐいと塗り広げたりできる水彩絵の具と違って、どうしても小さな手の動きになり、絵が小さくなってしまいがちです。一度、ポスターカラーなどの水彩絵の具でたっぷりと絵の具を付けて描かせてごらんなさい。ほとんどの子どもが自然と手の動きも大きく、大胆になって大きな描画ができるようになっていきます。

意欲を育てることから

結論としては、描く経験が少ない段階では、B5や八つ切り程度の大きさの紙に何枚も描ければ、まずそれで十分と考えてみることです。1学期が始まって間もない時期であれば、まず育てたいのは描きたいという意欲だと思いませんか。小さい紙でも、子どもが大切に描いた絵、そのお話し、子どもの思いをしっかりと受け止め、いっしょに「おもしろいのが描けたね!」と喜べる先生の心が、この時期に何より大切なはずです。

小さなことでもきちんと見守り、応援してくれる先生、そこから先生への信頼感と、また描いてみようという子どもの意欲が生まれてくるんですね。

どんな場合でも、「大きく描く」ことだけが良いのではありません。小さく描いた絵も、大きく描いた絵も、それぞれ良さがありおもしろさがあると、保育者は受け止め方の幅をしっかりひろげること。それが何より大切です。

Q3

早い子、遅い子、どっちに合わす？

Q 4歳児の担任をしています。最近は新入の子どもたちも園生活に慣れ、少し落ち着いて毎日が過ごせるようになりましたが、描画の設定活動では、早く描き上げてしまう子と、ゆっくりと描く子の差がすごくあることにとまどってしまいます。どう対応していいのか、どちらに合わせたらいいのか困っています。どうしたらいいのでしょうか。

A なるほど。歌やリズム活動と違って、絵や製作にはいつもこの問題がつきまといますね。

ササッと描いて「できた!!」と言う子、何枚も描ける意欲満々の子がいる反面、じーっと紙を見つめてなかなか描きだせない子、ゆっくりと描いている間に昼食の時間になってしまう子、どの子も気になっておろおろしてしまうのですね。しかし、どの子にも目がいって、どう指導すれば良いか悩んでいる、あなたの保育

者としての姿勢はすばらしいと思いますよ。

それは、できない相談

さて、こういう場合の解決法なんですが、まずどちらかに合わせて指導するということ、これはできない相談だということをはっきりさせておきましょう。早い子、遅い子それぞれへの対応が必要だということです。よく、「絵ができた子から先生のところへ絵を持っていらっしゃい」と言って、保育者が自分の机のところへ子どもを呼び寄せ、並ばせて待たせるような光景がありますが、これは絶対にしてはいけないことです。というのは、これでは「早く描けた子どもから見てあげましょう。遅い子は後回し」と言っているのと同じで、並んだ子どもの絵は見ることができますが、机の所に残ってゆっくり描いている子どもはまったく見ることも、言葉をかけることもできません。

あなたのことを見ているよ

描画や造形活動の指導は、まず子ども一人一人を保育者がしっかりと動いて見て回り、それぞれに簡潔に評価をし、良さを認め、励ますということが基本なんですね。保育者がじーっとしていては絶対にいけません。要するに保育者は気持ちや感性をフルに動かして、うるさくならない程度に一人一人にことばがけをしっかりしていくということがいちばん必要なんです。

「うわー、たかし君はどんどんいいのが描けてきたぞ」「かおりちゃんは、しっかり考えて描いてるね。いいよー」という感じでしっかりサポートしてあげてください。短い時間で子どもの絵の良さを見抜いて、一人一人評価するのは難しいことかもしれませんが、ことばがけの失敗なんか恐れず、「あなたに今気持ちを向けているよ」という思いが子どもに届くことがすごく大切なんです。

保育者は、「描画の活動中はまず子どもの間をゆっくり、しっかり歩き回って一人一人をよーく見る」これに尽きると思います。

早さでなく充実感を

もう一つの解決法は、早く描いてしまった子どもには、もっと描きたいという意欲があるようなら、1枚目より小さいサイズでも良いので何枚か別の紙を与えて活動の続きを工夫してみてはどうでしょう。「今日は1枚だけよー」なんて言うのは、せっかくの意欲をそぐだけです。子どもの中にイメージやお話しが連続して現れることが多いので、おおいにこのような意欲は大切にしましょうね。

ゆっくり描いている子には紙1枚で不公平になるのでは、という心配はご無用。表現にとって紙の量が大切なのではありません。別の見方をすればじっくり、ゆっくり描いている子には、早描きの子とは違うたっぷりとした時間をしっかり確保しているとも言えますから。

早い子、遅い子、そういう個人差は本来「解消する」というものではありません。どの子もしっかりと活動に取り組め、それぞれが「描けたぞ!!」という充実感が持てるようなクラス環境をまずしっかりつくっていきませんか。

Q4

色で紙を塗りつぶす3歳児

Q 3歳児の担任をしています。先日初めて水彩絵の具で描画活動を設定しました。いろいろな形が描けることを期待したのですが、予想に反してほとんどの子どもが絵の具で画用紙を塗りつぶしてしまいました。中には、穴があくほど同じところを塗り続ける子どももいて、どこで止めれば良いのか、どう言葉がけしていいのかとまどいました。どんな指導が良いのでしょうか。

A そうですか、先生は絵の具を夢中になって塗りたくる子どもを見ていて、「このままでいいのかな」と不安になってしまったわけですね。きっと先生の頭の中では、3歳児だから頭足人のような人物や、いろいろな形の丸や線が描けることを予想されていたんでしょう。

ところが予想に反して、線を描くよりも塗る活動に子どもたちが夢中になってしまった。これは大変だというところですね。

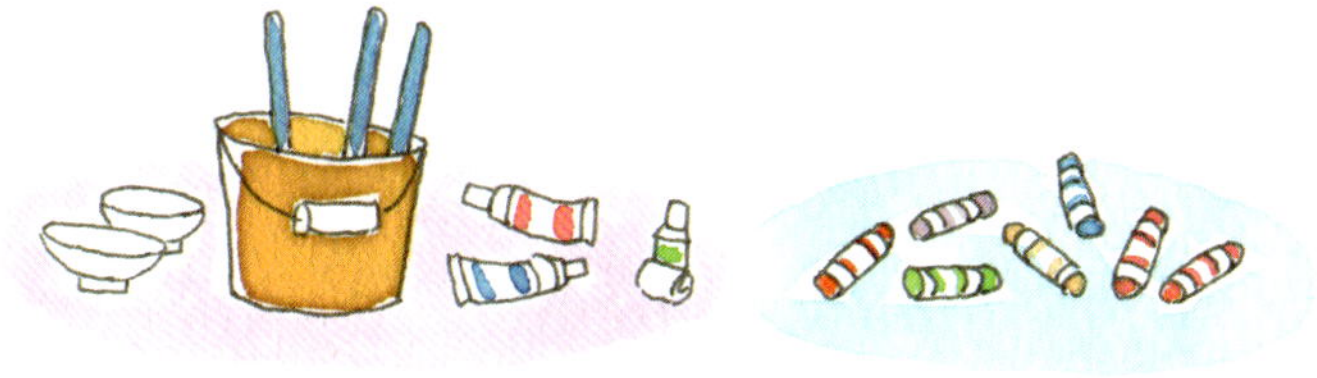

知的な線と情緒的な面

水彩絵の具っていう画材はどういうものか、考えられたことはありますか。これはクレヨンとかパス類と違って、色の面をどんどん塗っていくという本当に快い画材です。まだ筆遣いが十分でない子どもたちでも絵の具をたっぷりつけてグイグイと簡単に塗っていくことができます。子どもたちは自分の手先の快さに正直ですから、ついつい塗ることに夢中になってしまうんです。

固形のパス類は、どちらかというとまずは簡単に線描きを楽しめてしまうものですから、線を重ねて形をつかむのに適しています。別の言い方をすればパス類で描くと形の認識や形をコントロールする力を育てますので、知的な活動といえます。

反面、水彩絵の具は何より塗ることがたやすく、快い画材といえます。色を塗っていくことで感情や体が解放され、さらに色彩が子どもの感覚を刺激して情緒に働きかけますので、情緒的な活動と言えるんです。

ということで、描画体験の少ない3歳児が、初めて水彩絵の具を使えば、塗りっこ遊びに夢中になるのがふつうですし、まずそれが自然なことだと考えてください。はじめは1色で思い切り1枚の紙を塗ってしまってもいいんです。「白い紙が赤い紙に変身したぞー」っていうことも子どもにとっては大発見です。2枚でも、3枚でもペンキ屋さんになって塗って遊ぶ体験がまず基本だと考えてみてはどうでしょうか。もっと言うと塗りすぎて穴があいたっていいではないですか。（今どきの画用紙は簡単には穴はあきませんが）。

色で遊ぶ

1枚を1色で塗って遊ぶことに満足すれば、その次は違う色を使うことを促してみると、2色や3色で塗り分けて遊ぶことができるようになります。これもけっこう楽しいもので、何かを描くというよりも、まさに「色で遊ぶ」という感じです。

この「色で遊ぶ」という感じがすごく大切です。絵の具の色で遊ぶうちに手先

をコントロールし、気持ちも落ち着き、考えて塗ったりできるようになってくるんですね。「ワクワク」感から「じっくり」感に変化していくわけです。

絵の具で線描きをして何かの形を表現できるというのは、こんな「じっくり」体験を積んで、もう少し後の段階で必ずできるようになってきます。何も心配はいりませんよ。今しばらくはこの絵の具の「ワクワク体験」を一緒に楽しめる先生の気持ちが大事です。そして何よりそれができる場所と時間、いい水彩絵の具を用意してあげてください。

先生も、子どもといっしょになって「じょうずに描いてやろう」「何かを描いてやろう」という気持ちを全部捨てて、心を無にして、美しい色の水彩絵の具で1枚の紙をいろいろな色で塗って遊ぶ体験をしてみられたらいいと思います。

本当に楽しいんだから!!

Q5
ねらいから離れてしまう子

Q 4歳児の担任で2年目になります。描画の指導で最近よく悩むのですが、私が考えている保育のねらい、例えば節分の体験を描いてほしいとか、スキーで楽しかった思い出を描いてほしいとかいったねらいを設定して指導しているんですが、いつも何人かの子が、そういうねらいや意図から離れて、自分で考えた別の絵を描いてしまうんです。このままでいいのでしょうか。

A そうですね。4歳児のみならず、実は、2、3歳の年少児にもよくあることですし、年長児でも起こる話です。先生としてはねらいから離れた活動はやっぱり「?・?」ですよね。その気持ちはよくわかります。さてこういう場合、何が問題なのでしょうか。

本当に離れているの？

まず、予想する絵を描いていないという子どもですが、その子どもたちはどんな絵を描いているんでしょうか。本当に先生の導入をまったく無視して、かってに好きな絵を描いているのでしょうか。実はそうではないかもしれません。

「節分」の体験を描かせたいとします。保育者の頭の中には、予想される子どもの表現として、こんな絵ができてくるのではないかというイメージが広がっていると思います。鬼が大きく描かれて、豆を投げている子どもたちがその周りに描いてある、そういう絵を標準的なものとして想定されていると思います。

しかし、これは実際に私が以前、指導したケースにあったことなんですが、ある子は鬼を描かないで、丸い豆をいっぱい画面に描いて、投げている自分を小さく描いたりする。またある子は鬼の顔しか描いていない。またある子は鬼も描かず、自分や友だちも描いていない。なんと、ロボットを描いてしまった。

こういうケースが先生のいう「ねらい」から離れた表現になるのでしょうか。

でもこういう場合大切なのは、まず子どものお話しをよく聞いてみることだと思いますよ。

こうしか描けなかった

豆を画面いっぱいに描いた子、実はこの子、鬼があんまり怖かったので、鬼が描けなかった（先生でも心底怖いものは描けないでしょう?）。そのかわりに豆をたくさん並べて描いて、怖い鬼を追っ払おうと思ったんですね。

手足のない鬼の顔しか描かない子。これもちゃんと理由があってこの子は顔がいちばん怖いけどおもしろかった、そして手足のことはほとんど印象に残らなかったんですね。そして、ロボットを描いた子ですが、これも子どもなりの理由がありました。お話しを聞いてみると、鬼を退治するのはロボットがいちばんだと思ったということなんですね。よく絵を見てみると、ロボットといっしょに歩いている自分が小さく描いて

ありました。

そうなんです。「なるほど」ということが、ねらいから離れたように見えた子の表現にもちゃんとあったということなんです。子どもはしっかりと豆まきの体験を受け止め、それを子どもなりに描きながら、自分の世界にしっかりと取り込んでいます。先生の導入も、節分の絵を描いてほしいという思いもちゃーんと受け止めているんですね。

「ねらい」を見直して

保育者が予想したこと、ねらいとして想定したことの中だけで子どもの表現が生まれてくるのではなくて、実はそれ以外のいろいろな姿が子どもの表現にはあるんですね。「いろいろあっていい」そういうおおらかな気持ちが先生にまず、あるかどうかです。

そして、そういういろいろな表現が許されるという視点でいま一度、先生の設定した「ねらい」の中身を見直してみてはどうでしょうか。

Q6

周りの余白はどうする？

Q

４歳児の担任をしています。私のクラスの子どもは幸いに、どの子どももお絵かきが大好きで、みんな積極的に絵を描いてよく遊んでくれます。ひとつ気になるのは、画用紙に動物さんや人の顔を面白く描くのですが、余白が大きい子、画用紙の片方に寄せて描く子どもがいることです。余白ができないように大きく描こうねと言ってみたり、余白はバックだから色を塗らせてみたりするのですが、どう指導すればよいかよくわかりません。教えてください。

A

そうですね、確かに余白が大きいと何か絵がさみしいと感じたり、余白をバックとして考えて色を塗らせてしまうことがありますよね。先生としては参観日にその絵を見せることとかを考えると、変にそのあたりが気になるわけです。

「バック」って何？

さて、問題はそれが子どもにとってどうなのかということですね。4歳児にとって「バック」はどんな意味があるのでしょうか。子どもにすれば、描きたいものや事がすべてなんですね。そこには手前にあるものと背後にあるものの区別はありません。そうです、4歳児に大人の絵の世界で「バック」と呼ばれるものは存在しないんです。ですから、バックに色を塗るということも、子どもにとっては「?·?」。先生が塗ることを指示してしまうと、子どもは無感動にベタベタと塗ってしまい、それで終わりです。

以前、ある園で見たザリガニの絵ですが、どの絵もザリガニの周りに同じ色の絵の具でベタベタ塗られてあり、せっかくのザリガニの絵が台無しになっていました。これはちょっと悲しくなりました。

実はね、子どものお話しをよーく聞いてみると、大人にとっては「余白」と思っているところに、ちゃんとした子どもなりのお話しやイメージがあるんですよ。

描かれた空白部分

例えば、この間年長組の男児ですが、バッタの絵を描いてたんです。それが四つ切りの画用紙の左端の上の方に描いてある。余白だらけですが、「できた!」と、持ってきたわけです。「なるほど、これはいいバッタやね。このバッタ何してるのかな?」「あのな、今ピョーンとこっちから、こっちへ跳んでんねん!」と自信満々です。そう、画用紙の余白はバッタの跳んだ広い空間の表現だったんですね。これこそが子どもの自然な表現の姿だと思います。

画用紙の真ん中に大きく描くことだけがすべてではありません。余白があったり、どちらかに寄ってしまったりしても、そこには子どもなりの理由、お話しやイメージがあるんだということをまず理解してほしいのです。

そして、子どもとのお話し、会話の中で実はいろいろな気づきも出てくるはずです。

埋めるのでなく見つける

先ほどの会話をもう少し続けてみましょう。「このバッタさんすごーい。こんなに高く跳べるんだ。バッタさん、高いところからいろいろな物が見えるんやろうね」「そうや、ビルやお花畑も全部見えるんやで」「そうかー、そんなにいろいろ見えたらすてきやね」「……先生、ビルと花畑と、それから他に見えた物も描いてみる！」

そうです、次に描く物、この場合の余白に描かれる物は、子ども自身が見つけていくんですね。それが見つけられるような会話が自然とできるよう、指導の進め方を工夫してくださいね。

Q7

同じ色ばかり使いたがる子

Q　5歳児の担任です。半年がたち、子どもたちの個性がよく見えてきました。このごろ、描画を見ると、同じ色ばかり使う子が気になります。ピンクやオレンジばかり使う子、紫がよく出てくる子などです。個性というよりも何か心理的な問題かと心配になり、保護者にも暗い色ばかり使って何かあるのではと不安がる方がいます。こういう場合どう対応したらいいでしょう。

A　そういうことってありますね。特に5歳児になると「ピンク大好き！」とか「青は男の子の色！」なんていう発言も出てきたりして、性別と色の好みを子ども自身が固定して考えてしまうことも起こってきますよね。

色に対して好みが出てくるのは、これも成長のひとつ、感性の発達の証です。色彩に対して、何か感じて、「好き！」「気持ちがよくて、何かいい！」「おいしそうな色」って感じることは経験上すごく大切なことだと思います。

同じ遊びを繰り返すのと同じ

ある時期、やたらと同じ色ばかり使って絵を描きたがることは、幼児期にはままあることなんです。いつもバランスよく色を選択して描くなんていうのは、かなり高度に意識化された段階ですから、これからの子どもの成長を待たないといけません。

問題は、こういう同じ色ばかり使う子どもに大人が一方的な解釈をしないことだと思いますよ。一方的というのは、色彩心理学を安易に適用させてしまうことです。赤を好んで使う子は意志が強く、感情表現がはっきりしている子が多いとか、ピンクや黄色を好む子どもは優しいが依存的な子が多いとか、紫を好む子は不安定で神経質な気質の子が多いとか、黒を好む子は暴力的で破壊的な衝動が強い子が多いなどといった心理学の統計上の学説があるのですが、それをそのままうのみにして子どもの表現を見てしまうことです。

確かに学説としては間違ってはいませんが、これってどちらかというと血液型や

生まれ月で性格判断をするのと同じ意味で、安易な適用はすごくあぶないことだと思っています。第一、子どもと日々生活を共にすれば、絵を解釈するまでもなく、おのずと性格は見えてくるものですね。

幼児期は遊びの中でおもしろいなと感じたことは何度もやってみたくなるのが本質です。滑り台やかけっこがおもしろくて何度も何度も遊ぶ。繰り返し遊べるからいろいろなことを経験して満足し、次の活動へ移っていけるんです。滑り台で上がったり、降りたりして、繰り返し繰り返し遊んでいる子は心配しないのに、どうして絵というと、同じ色を使って遊ぶのが心配になるのかな。私には少し不思議です。

色遊びに発展させて

これからの指導として考えたいのは、そういう好みを問題視しないで、むしろ子どもがどれだけたくさんの色彩経験をしていくかということになると思います。クレヨンやパスなどで黄色や赤など単純色を重ねて塗って遊んでみると不思議な色ができます。組み合わせを変えてみると実にたくさんの不思議な色、中間色ができます。

クレヨンをたたいて点をたくさん打って、いろいろな色で点を重ねてみる。これも不思議な色ができます。いつの間にか、どこにも売っていないようなきれいな色カードができますよ。水彩絵の具でも赤、青、黄色の三原色に白と黒を用意して、フィルムキャップなどで混ぜて色作り遊びをしても同じ体験ができます。こんなふうに子ども自身が色にかかわって色を作って遊ぶ、そういう経験のほうが実は大切だと思います。

自然界の不思議な色から

この時季、野原へ出かけて昆虫を捕まえてみる。虫眼鏡でトンボやトノサマバッタの羽根、体の模様をよーく観察してみて、不思議な、きれいな色や形をいっぱい見つける、それを自分の作った色で描いてみるというような体験も考えてはどうでしょうか。

世界には本当にきれいな色、不思議な色、美しい色があって、おもしろいな、すてきだなという気持ちが育てば、子ども自身の色使いも変化してきますよ、きっと。

Q8
「ぼくは絵がへた」

Q 4歳児、年中組の担任をしています。私のクラスにいまだになぐり描きのような絵しか描けない子どもがいますが、本人も「ぼくは絵がへた」と思い込んでいるところがあります。他の子どもはじょうずに描くのに自分はへただと、何度となく口にします。他の子どもも「あの子はへた」と言ってしまうときもあり、どうしてあげれば良いか困っています。

A それは、困りましたね。3歳ごろとは違って、子どもの中で「じょうず、へた」という意識が生まれてくるのが、実は4歳から5歳ごろですね。「描き方」が少しずつわかってきて、周りの大人や友だちにも描いた物がわかってもらえるようになると、描き方がわかっている子がじょうずという意識になってくるんですが…、さてさて、この子の場合はどうなんでしょうか。

あなたはどう思う？

ところで、ちょっとここでお聞きしたいことがあるんですが、あなた自身は本当にこの子が「描けない」すなわち「なぐり描きの状態」とお考えでしょうか。

私がこの子の絵を直接見たわけではないのですが、たぶんなぐり描きに近い状態ではあるとは思いますし、同じクラスの他の子どもと比較してきっと幼い描き方なんでしょうね。

でもね、先生。先生自身の意識の中で「この子は描けない子」というフィルターで、この子が描くものすべてを見ている、ということはないでしょうか。

4歳児のこの子が、今までに自由画帳などに描いた物がいろいろあると思います。それをじっくりと見直してみると、なぐり描きに見えた物でも案外、「あっ、これはおもしろい形を描いているな」「いつもと違う気持ちが入っているな」というものがきっとあると思うんです。

何が言いたいかといいますと、保育者自身が「描けない子」、「表現が幼い」と思ってしまうと、その子が描いた物を軽く見てしまう、じっくり見ることができなくなるのではないかな、ということなんです。これがなかなか保育者自身気づかないことが多い。

今まで、その子の描いた物を見るたびに、保育者の気持ちもマイナスになってしまって、どう言っていいかわからなくて言葉を濁してしまうようなことはなかったでしょうか。そういうのを本人もほかの子どもも敏感に感じてしまうものです。

色、形、線をもっと見て

子どもの育ちは下からの積み上げといいます。標準的な発達の姿や描ける子を基準に考えてしまうのではなくて、なぐり描きの中でも、何かの思いが入ったいい形の線、その日の気持ちが表れたような伸びやかな線や色があると思います。その線や色自身をもっとしっかり見てみましょう。決して大人にとってもわかり

やすい、それらしい形は描いていなくても、線や色自身、それも一つの表現だと、保育者自身の考え方を変えてみること、自分の目を鍛えることが大事だと思います。

プラスに切り替えて

そういう見方やとらえ方でその子の描いたものに接してみると、きっと先生自身の口から、「あーっ、その線いいねー。おもしろい形だー」とか「うわー、今日はいろいろな色がいっぱいでとってもきれい。これはステキ」とか、一見なぐり描きに見える絵にもしっかりとプラス評価ができてくると思います。

そういう先生のプラスの言葉、明るい言葉が、描いたその子にも、ほかの子どもにもしっかり届けば、きっといろいろな状況は変わってくるはずです。まずは、見方をチェンジしてみませんか。

Q9
見本を見せる？見せない？

Q

5歳児の担任をしています。毎年クリスマスなどの行事に合わせ製作を指導します。仕上がり見本を私が作って、それを子どもたちに見せながら指導をすることが多いのですが、まねばかりする子が多くて気になります。また、先輩から見本は見せないほうが良いと言われました。やっぱり見本みたいな物は指導に使わないほうが良いのでしょうか。教えてください。

A

なるほど、見本、要するにできあがりの完成品ですよね。こんなものが今日作れたらいいなという見本。これを見せるべきか、見せないべきか悩んでいるわけですね。製作の指導では見本をよく使われる保育者がいます。「今日は、こんなものを作りまーす」なんて、いきなり子どもに完成品を見せて、作り方を説明する方がいますが…。

意欲、関心、材料、技法

いきなり子どもに完成品を見せて、作り方を説明する「いきなり強制型」の保育はまず、あってはいけませんね。ほとんどの子どもが目を白黒してとまどい、「できるのかな」という不安感ばかり大きくなる結果になりますからね。全然楽しくない製作で終わることになります。

見本や完成品は、あってはいけないものではありません。要はどう指導の中で「生かす」かだと思います。見本を見せる場合、いちばん大切なことは、まず「あっ、おもしろそう。あんなの作ってみたい」という意欲や関心がでてくるか、ですね。まず、この点をしっかり押さえておきましょう。

それまで子どもがどんな作る経験をしてきたのか、どんな材料を使ってきたのか、どんな技法を経験してきたのかを十分に把握して、それらを使い、考え工夫すれば作れる物を教材として選ぶことが基本でしょうし、何より見本に形や色、イメージのおもしろさ、楽しさがあるかどうかも大切です。「あんなかっこいいもの作りたいな」と子どもたちが思ってくれれば、それ

で見本は十分に役にたっているといえます。

考えるプロセスを大切に

もう一つの大切な点は、見本を見た子どもたちが、「どうやって作れば良いのか」考えさせる指導をしたいですね。のり付けをしてできあがった完成品だけではなくて、分解したり、バラバラにして材料や手順を考えられる見本があっても良いと思います。何を使っているのか、どうしたら接着できるのか、子どもが保育者と話し合える時間が必要です。このプロセス抜きで作り方、手順だけを教えても、自分でものごとを考えられる子どもは決して育たないですね。

イメージは子どもが決める

もう一つ押えておきたいのは、見本や完成品は決して1点だけではいけないということです。例えば、紙コップや紙皿を基本形に、色画用紙やボール紙を

切って作った形を付け足してクリスマスリースやサンタを作るとします。この場合、「いろいろな表現や作り方があるんだよ」というメッセージを、さまざまな見本や完成品を用意してきちんと子どもたちに届けないといけません。

一つの作り方だけを示して、「はい終わり」ではだめなんですね。「紙コップはサンタさんの顔、紙皿がリース」なんて決めてしまわないで、紙皿がサンタの顔になるかもしれないし、紙コップがサンタの長靴になるかもしれない。紙皿を折ってサンタのソリが作れるかもしれないし、ハサミで切ればツリーができるかもしれない。そういう応用のおもしろさ、楽しさをまず子どもたちに伝えたいと思いませんか。

色や形、イメージや材料の利用方法を決めるのは、まず子どもたち自身です。担任や主任が一律で同じ物、作品を決めてしまう保育があるとしたら、またそのための見本、完成品の利用はもうそろそろやめにしたいものですね。

Q10
種々雑多な廃品どうする？

Q

3歳児の担任をしています。1月になってこれから紙類だけではなく、いろいろな素材や材料を経験させたいと思い、保護者に廃品や不用品を集めて持ってきてもらうようにお願いしたんですが、種類も量も多すぎて何をどのように使えばよいのか見当がつかなくなりました。また箱類ばかり多く集まってしまい困っています。何かよいヒントがあればお願いします。

A

それでは整理もつかなくて困ってしまいますよね。

こういうときに、作らせたいものが決まっていて、保護者に具体的に「こういうものを集めてください」と内容や量を限定してお願いしてしまえば済む話なのですが、実はこういうやり方では、子どもが自由に素材を使って、自分なりに組み合わせを考えて作るという創造的な体験ができなくなってしまうことはもうおわかりと思います。

「見たて」と「応用」

廃品や不用品を使うおもしろさは、例えば木のアイスクリームスプーンが虫の体になり、人の目になり、動物の耳にもなるという「見たて」や「応用」のおもしろさ、楽しさにあるといえます。前回でもいいましたが、保育者が一方的に作り方やできあがりを決めてしまうというものではありません。「見たて」や「応用」という体験をたくさん積むことが、子どもの創造の育ちにつながるわけです。きっと先生としては、ここを育てたいために廃品を集められたのだと思います。

カギは分類法にあり

結論をいいますと、解決策の基本は廃品の分類法にあるといえます。まず最初に自然の物と人工の物に分けてみましょう。木の枝、木の実、葉っぱや枝、石な

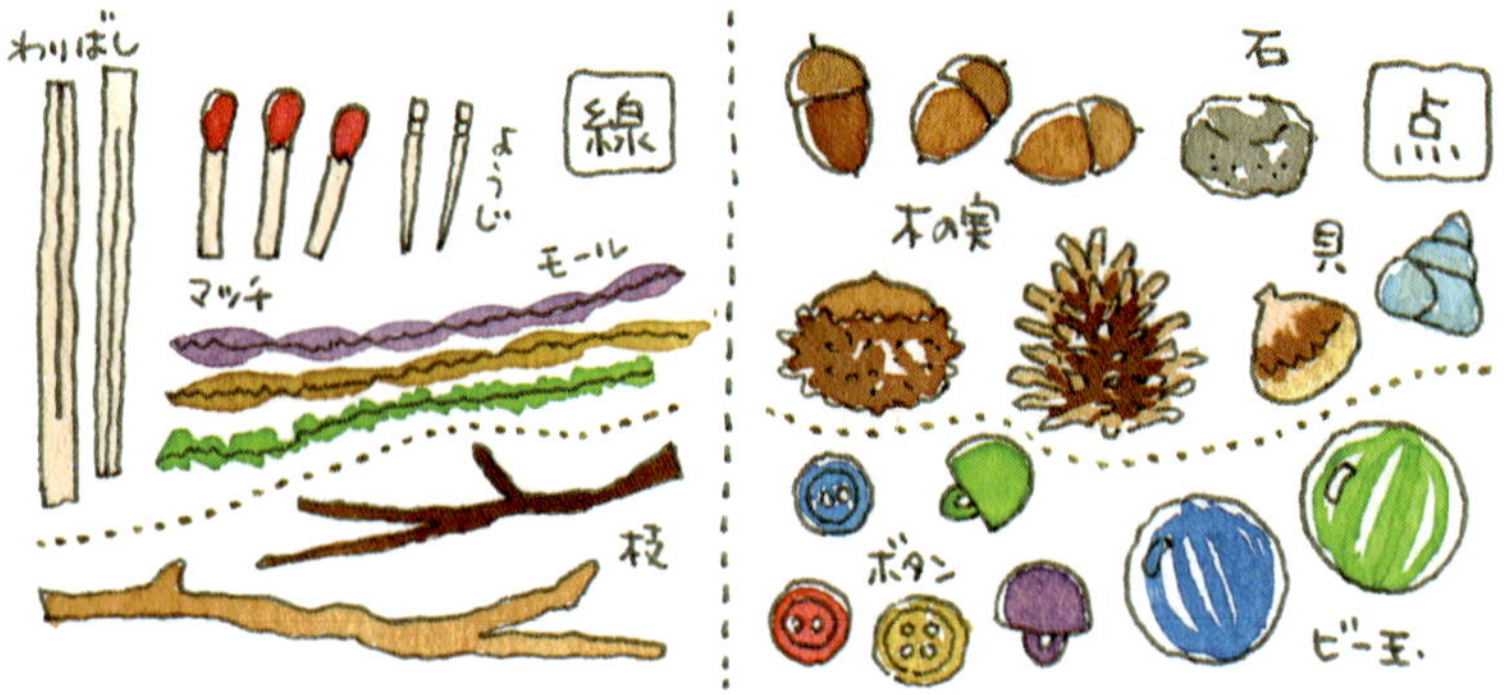

どが自然物ですね。それから人工物。これには身の回りに実にたくさんの種類があります。いろいろなモールやひも、ボール紙の切れ端、木片、大小の箱類、カセットテープやCDのケース、ビーズやタイルなど挙げればきりがありません。また人工物で大切なのは何より安全であることです。

「点」「線」「面」「塊」

次に、そうした素材を造形的な視点、「点」や「線」「面」「塊」という形の特徴で分けてみると一挙に整理が進みます。それぞれ「点材」「線材」「面材」「塊材」という呼び方で覚えておきましょう。

例えば木の実やビー玉は点材、枝、マッチやようじは線材ですね。箱やケースは塊材といえます。紙の切れ端、かまぼこ板、葉っぱは面材です。

このように分類、整理し、いろいろな空き箱や容器、ケースに入れて保管しておくわけです。

いい作品を産む環境に

3歳児もこの時期になれば、こうした点や線、面の材料を組み合わせ、構成すると何かの形になることがよくわかってきます。これらの点、線、面の特徴を持った材料が用意されておれば、それらを組み合わせることで造形的にもおもしろくなり、何でも作っていくことができるんです。

何より保育者の材料、素材の整理がきちんと進んでいれば、子ども自身が材料の特徴をよく理解して、見通しをもって活動をどんどん進めていくことができます。無秩序に材料を山積みして、その中に頭を突っ込んで材料探しをさせるような環境は決して良くありません。保護者にも以上の造形的な特徴と分類法をよく説明して、廃品集めをお願いしておくとさらに良いですね。

さあ、先生も一度この分類法で材料を仕分けして、そこから何ができるかいろいろと見たてや組み合わせを考え、試してみましょう。きっと「なるほど」と合点がいくことと思います。

Q11 良い絵？悪い絵？

Q

5歳児を担任しています。最近自分の指導した子どもの絵（七夕の笹飾りをつくっているところの絵でした）を先輩と主任、それぞれに見ていただきました。ところがお二人の評価が違うのでとまどっています。先輩は、もっと描き込んだほうが良いとおっしゃり、反対に主任はこれで十分とおっしゃいます。幼児画コンクールの絵を先日見ましたが、受賞作とほかの絵の違いがよくわかりませんでした。何が良い絵で、何がそうでないのかよくわからなくなりました。

A

なるほど、それは困りましたね。何が良い絵か、絵の中でどこが良いのか、迷われるあなたの気持ちはよーくわかります。私だって若いころは悩みましたし、今だって時々評価を考えてしまう絵に出会うことは多々あります。大人の絵だって評価が分かれることが多々あるわけで、ましてや幼児の表現

となればなおさらです。

答えがひとつでない世界

わらにもすがる思いで、先輩の先生方に評価を求めたのに、正反対のことを指摘される。これってかなり「えーっ?」っていうぐらいのショックかもしれません。

でもね、実はこのショックは乗り越えないといけないんです。なぜって幼児の絵っていうよりも、絵という表現そのものが、そもそもこういう、いろいろな見方、感じ方が許される世界だからです。絵というものは表現の仕方が一つしかない世界ではありませんし、見方もさまざまあってそれが「普通」と考えてみてはどうでしょうか。

まず、あなたにお願いしたいことがあります。それは、そういういろいろな評価を拒絶しないでしっかりと聞いてみることです。

他人の評価から見えるもの

笹飾りを描き込むほうが良いというのはなぜなのか、それは子どもにとって何がプラスになるのか、保育のねらいから考えてどうなのか、色や形の良さといった造形的な観点から見てどうなのか、などを先輩によく聞いてみましょう。きっと先輩の思いや、指導の経験を熱く語ってくれると思いますよ。

主任にも積極的に聞いてみましょう。今のままでなぜ十分と思うのか、主任なりの豊富な経験と見方がわかってくると思います。

また、幼児画コンクールの受賞作も、何度もじっくりと見直すと、あなたなりにどこが魅力的なのか、感じるものが出てくるはずです。審査員の講評が冊子などに掲載されていることもよくあるので、できればそれも読んでみてください。

そういうことを積み重ねると、「なるほどそういう見方、評価の仕方があるんだな、あの人はこの点についてよく見ている、でも別の人はこういうことを大切に絵をみているんだな」ということが、少しずつわかってくると思います。

気をつけたいのは、保育者がだれかの評価を絶対視して、評価は一つだけと思い込んでしまうことや、「良い悪い」といった価値観だけで子どもの絵を見てしまったりすることです。これほど怖いものはありません。

児童画の三つのポイント

いろいろな評価をいろいろな人や場で聞いてみる。そして、できるだけたくさんの絵、内容とねらいの異なる絵を指導する経験を積んでいきましょう。

そして、いろいろな評価を聞きすぎてわからなくなったときは、これを整理するポイントがありますので、最後にお伝えしておきましょう。

ひろくんは点々で1つ1つ
とうもろこしを表現している
あっちゃんはせんで1つ1つ
とうもろこしを描いている

●一つ目は、保育の面から

保育者として、保育としてのねらいをしっかり持って指導できているかどうか、そのねらいが絵から見えるかどうかです。何を育てたいのか、何を感じさせたいのかがよくわからない絵は、保育としては疑問、ということです。

●二つ目は、子どもの面から

その子なりの工夫が絵にあるかどうか。自分なりに思ったこと、感じたことを人の模倣ではなく、自分なりのやり方で表現しているかどうかということです。これは決して描き方のうまいへたではありません。稚拙でも、ゆがんでいてもいいのです。その子なりに真剣に取り組んだものが見えるかどうかです。

●三つ目は、造形的な面から

その子なりに工夫して描いたところに、色や形のおもしろさがあるかどうか、さらにいうと、美しさがあるかどうかです。

Q12

共同での活動、どう指導する？

Q

5歳児の担任をしています。毎年悩むのが、「共同画」や「共同製作」です。3学期には1年間のまとめとして共同の活動を設定して、クラス全員で大きな立体造形を作るのですが、いつも形になりません。つい私が手を貸してしまって先生の作品みたいになってしまいます。共同で絵を描いても構図はバラバラ、何を描いたのかよくわからなくなります。私の指導に何が足らないのでしょうか。

A

そうですねえ、共同で絵を描いたり、立体造形をつくったりするって確かにむずかしいですね。小中学生ならともかく、幼児期にクラスみんなでいっしょに描いたり、作ったりというのは、幼児の発達を考えれば、本来かなりハイレベルな活動だと私は思ってます。むしろ必ず経験をさせないといけない性質のものではないかもしれませんね。

「全員」にこだわらない

でも、そんなこと言ったって、先生の園では「共同的な活動は必要」っていう方針で指導されているわけですから、むずかしい、無理だなんて言ってられませんよね。

そこで、提案です。まず、「共同」の中身をどう考えたらいいかということです。まず、幼児期の場合は年長児であっても、決して「クラス全員」ということにこだわらないで、グループでの活動を中心に考えてほしいのです。これが一つ目のポイントです。

例えば、全員で「夢の遊園地」を描こうということになったと仮定します。これを1枚の大きな紙（例えばクラス全員ということになれば、全紙大の画用紙2、3枚分ぐらいという巨大な物になるでしょうか）にクラス全員で一斉に描くというのではなくて、小さなグループ、例えば気の合う4、5人ぐらいのグループごとに取り組んだ方がはるかに活動はスムーズにいきますよね。できあがった絵をグループごとに並べても、全体としては同じテーマに取り組んでいるわけで、その中で自然と一つ一つのグループの個性が出て、それはそれで十分に魅力ある共同画になります。

経験の積み重ね

幼児の場合はできるだけ、小さなグループで活動に取り組めるように配慮するほうがいいんです。二人でもいいし、十人でもいい。人数面でも幅のあるグループが、子ども同士、あるいは保育者と子どもたちとの話し合いの中でいろいろとできていくことをもっと大切にしてはどうかと思います。当然保育者としてはそれらを想定して、例えば画用紙の形や大きさもいろいろなものを用意しておくぐらいの配慮が必要になります。

そういう体験の積み重ねを2学期ぐらいから少しずつ経験させていく。その中で少しずつクラス全員で手分けして描くという大きな活動も、やがてできるようになってくると思います。そういう体験の積み重ねを、やはり年間計画の中できちんと押さえておきたいですね。これが二つ目のポイントです。

思いを出し合う経験

そして三つ目のポイントは、小さなグループであれ、クラス全員であれ、描いたり作ったりする過程の中で、子どもたち同士が話し合ったり、意見を言い合ったり、それぞれの思いを調整したり、自分たちなりに描き方や作り方を見つけていくという、そういう体験こそ大切にしたいと思うんです。

多少、まとまりの悪い、構成が変な絵になってもまったく良いと思うんです。段ボール箱でみんなで作った大きな立体造形が崩れてしまったり、子どもにとって予想外のものになってしまっても良いんですね。大切なのは思いを出し合い、話し合って作る経験です。失敗を何度しても、それは大事な経験です。

それらを省いてしまって、保育者が失敗しないようにリードし、きれいな形だけができてもそれはどうなんでしょうか。

「先生の作品のようになってしまった」「まとまりがない」と感じ反省しているあなたの正直な感想の中に、実は大切なことが隠されているんですよ。設定した「ねらい」の中身を見直してみてはどうでしょうか。

第5章は、『保育とカリキュラム』（ひかりのくに）に2006年4月〜2007年3月まで連載された「公平先生が答える造形指導のお悩み相談室」を転載したものです。

〈著者紹介〉

今川 公平（いまがわ こうへい）
学校法人今川学園　木の実幼稚園園長
同志社大学文学部文化学科卒業後、聖和大学大学院幼児教育研究科にて、幼児造形を専攻する。
昭和53年より15年間、幼児造形教室を開催し経験を積む。この間、大阪城南女子短期大学、聖和大学で講師を歴任後、平成２年より木の実幼稚園園長となり、現在に至る。大阪教育大学で非常勤講師。
著書に『導入からの保育の流れがよくわかるこどもの造形ー画材・準備・ことばかけ・誉め方』(ひかりのくに)

ちゃいるどネット大阪ブックレット④
アート・子ども・いのち ～保育としての造形～

2013年11月18日　初版第１刷発行

著　者　今川 公平
発　行　特定非営利活動法人ちゃいるどネット大阪
〒540-0006　大阪市中央区法円坂１−１−35　アネックス パル法円坂
TEL. 06(4790)2221　FAX. 06(4790)2223
ホームページ http://www.childnet.or.jp　e-mail info@childnet.or.jp
発売元　㈱解放出版社
〒552-0001　大阪市港区波除４−１−37　HRCビル３階
TEL. 06(6581)8542　FAX. 06(6581)8552　振替 00900−4−75417
東京営業所　東京都千代田区神田神保町２−23　アセンド神保町３階
TEL. 03(5213)4771　FAX. 03(3230)1600
デザイン　伊東 直子
印　刷　古賀印刷株式会社

ISBN978-4-7592-2264-7　C0037
乱丁・落丁おとりかえします。